MEDICINA DA
FELICIDADE

Dr. Marcelo Schafranski, PhD

MEDICINA DA FELICIDADE

Um médico explica o que é
felicidade e mostra os caminhos
científicos para alcançá-la

© 2012 – Marcelo Derbli Schafranski

Direitos em língua portuguesa para o Brasil:
Matrix Editora - 3868-2863
atendimento@matrixeditora.com.br
www.matrixeditora.com.br

Capa
Alexandre Santiago

Diagramação
Daniela Vasques

Revisão
Laura Angelim
Adriana Parra

Dados Internacionais de Catalogação na Publicação (CIP)
SINDICATO NACIONAL DOS EDITORES DE LIVROS, RJ.

Schafranski, Marcelo Derbli
Medicina da felicidade / Marcelo Derbli Schafranski. - São Paulo : Matrix, 2012.

1. Felicidade. I. Título.

12-3073.   CDD: 158.1
                        CDU: 159.947

Agradecimentos

A Deus,
a Anna Paula, Yasmin e Marcelo Emanuel,
aos meus pais e aos meus irmãos.

Felicidade é a certeza de que a nossa vida não está se passando inutilmente.

Erico Verissimo

SUMÁRIO

Apresentação
As lições dos últimos dias.............................11
Livros de autoajuda realmente ajudam?............12
A felicidade como direito fundamental dos
indivíduos...15
A felicidade e o direito de família.................18

Introdução
O que é felicidade?.....................................21
É possível medir a felicidade?.....................23
Como entender os números..........................25
Será a psiquiatria capaz de garantir a felicidade?....26
Sobre a eficácia dos antidepressivos................30
A felicidade como doença.............................32
Existe um limite para a felicidade?.................33
Felicidade baseada em evidências – sugestões para
uma vida melhor 35

Capítulo I – Dinheiro e Felicidade
O paradoxo de Easterlin...............................37
As consequências psicológicas do dinheiro: os nove
experimentos de Vohs, Mead e Goode 39
O dinheiro aumenta a satisfação com a vida. Mas a
partir de que nível de faturamento a renda parece
perder a sua importância? 43
Gastar dinheiro consigo mesmo ou com os outros:
o que faz o indivíduo mais feliz?.....................46

Capítulo II – Religião e Felicidade
O fato de frequentar a igreja aumenta a satisfação
com a vida? 51
A religiosidade apresenta correlação com a
felicidade?..53

Quem valoriza a religião é mais satisfeito com a vida?...................54
A religiosidade tem relação com a saúde metal?........56

Capítulo III – Trabalho e Felicidade

A satisfação com o emprego é causa ou consequência do bem-estar subjetivo?...........................57
Quais os empregos que mais trazem felicidade?....58
A segunda-feira é realmente o dia mais triste da semana?..............................59
A felicidade pode levar ao sucesso?...................61
Entre os eventos considerados mais importantes da vida, comprar uma casa e um carro são os que mais aumentam o bem-estar subjetivo?...........................62

Capítulo IV – Relacionamentos e Felicidade

Casar torna a pessoa mais feliz?.......................65
Quais os dez fatores mais comumente associados à separação dos casais?...........................66
O fato de ser atraente torna a mulher mais feliz?....68
A felicidade é contagiosa?...........................69
Assistir à televisão traz felicidade?........................71
A gratidão aumenta a felicidade?........................73
Revelar os traumas psicológicos, mesmo de maneira confidencial, aumenta a felicidade?...........................74

Capítulo V – Saúde e Felicidade

A felicidade é capaz de melhorar o sistema imunológico das crianças?..............................77
Gargalhadas podem aumentar a imunidade de adultos?..............................78
O que afeta mais a pressão arterial: a raiva ou a felicidade?..............................79
Abraçar a pessoa amada reduz objetivamente o estresse?..............................80
A felicidade reduz a mortalidade?........................81

Conclusões

Como se tornar mais feliz em alguns segundos....86

Apresentação ••••

AS LIÇÕES DOS ÚLTIMOS DIAS

Para a maioria das pessoas, independentemente de sua religião, credo ou seita, a morte não significa obrigatoriamente o fim da sua existência. Seja você católico, muçulmano, judeu ou espírita, existe a certeza de que algo mais, e supostamente próximo da perfeição, o espera do outro lado da vida. Ou seja, a vida como se conhece não passa de um exercício para algo melhor e quiçá eterno.

Embora muitos não temam a morte e a encarem até com excessiva naturalidade, o fato de deixar esta vida com arrependimentos é motivo frequente de importante ansiedade. E os fatos que se passam na mente dos indivíduos nos seus últimos dias de vida, assunto dificilmente abordado quando se tem familiares ou amigos vivenciando tal circunstância, acabam sendo revelados apenas mediante pesquisas científicas, realizadas pelos raros indivíduos dispostos a desvendar os mistérios do que se passa na cabeça das pessoas em seus dias derradeiros de existência terrena.

Bronnie Ware, enfermeira australiana especializada em cuidados paliativos, trabalhou por muitos anos com doentes terminais durante as suas últimas três a doze semanas de vida. Ela afirma que o crescimento das pessoas ao se defrontarem com os seus últimos dias é impressionante. Apesar de passarem por mudanças marcantes e constantes nos seus sentimentos em relação ao fim da vida, entre eles a negação, o medo, a raiva e o remorso, a maioria atinge a conformidade com a situação e parte para o outro lado em paz.

E aqueles que sentem algum pesar deixam importantes lições. Entre os arrependimentos mais frequentes, Bronnie[1] destaca cinco deles:

---

1 WARE, Bronnie. *The Top Five Regrets Of The Dying*. 1. ed. Balboa Press, 2011.

1. O desejo de ter tido coragem de levar uma vida mais verdadeira em relação a si mesmo, e não de acordo com a opinião dos demais.
2. O desejo de não ter trabalhado tanto.
3. A vontade de ter tido mais coragem de expressar os seus sentimentos.
4. O anseio de ter mantido um contato maior com os amigos.
5. A aspiração de ter se permitido ser mais feliz.

Embora tais constatações sejam valiosas, algo como um *antichecklist* para ser lembrado diariamente com o objetivo de chegar ao fim da linha sem maiores arrependimentos, o quinto item é um tanto vago. Afinal de contas, o que é a felicidade? O que torna os indivíduos realmente mais felizes?

É exatamente esse tema que será abordado neste livro. Não se trata de maneira alguma de um livro de autoajuda nos seus moldes tradicionais. A maioria dos dados e orientações colocadas aqui é baseada em estudos científicos publicados em periódicos científicos internacionais consagrados, principalmente nas áreas da Medicina, da Psicologia, das Ciências Cognitivas, das Ciências Sociais e do Comportamento Humano, entre outras.

A expectativa primordial é que o leitor, após o término da obra, se inspire, sobretudo, a difundir as ideias nela presentes, uma vez que reúne informações bastante atualizadas e acuradas no diz respeito ao que a ciência acredita ser, no momento, a melhor receita para a felicidade.

Afinal, esse é um estranho *checklist* em cujos itens ninguém desejaria marcar um *x* no final da vida, não é mesmo?

Livros de autoajuda realmente ajudam?

A efetividade dos conselhos e avisos presentes nos livros de autoajuda têm sido motivo de debates fervorosos ao longo das últimas décadas. Para alguns, eles não passam de verdadeiras pragas, que infestam semanalmente as listas de *best-sellers* de um cada vez mais concorrido mercado editorial, ameaçado constantemente pela gratuidade da internet e pelos *e-books*.

Já outros acham que tais livros colaboram de maneira única para a melhora e crescimento dos indivíduos pelo fato de lhes oferecer um dos bens cada vez mais em extinção nos dias atuais: a esperança.

O pesquisador holandês Ad Bergsma[2], em artigo publicado no *Journal of Happiness Studies,* em 2008, tentou colocar alguma luz nessa penumbra de conhecimento. Nesse artigo, o autor cita os principais motivos para o sucesso arrebatador de venda dos livros de autoajuda:

1. *Custo*: são muito mais baratos do que a consulta com um psicólogo.
2. *Acessibilidade*: além de estarem em toda parte, podem ser facilmente lidos durante o almoço ou em uma noite de insônia.
3. *Privacidade*: dão ao indivíduo a oportunidade de explorar seus problemas sem a necessidade de ir a público, isto é, sem ter que se abrir com amigos ou com profissionais da saúde.
4. *Excitação*: comprar um livro de autoajuda leva o indivíduo a pertencer a um grupo fechado de pessoas que conhecem a obra, algo como um clube de apreciadores do livro.

Ao estudar 57 livros considerados *best-sellers* da autoajuda, o autor classificou-os em linhas gerais em quatro grandes grupos: (i) livros que abordam o crescimento pessoal; (ii) livros que abordam os relacionamentos, com foco nas habilidades de comunicação e no relacionamento interpessoal; (iii) livros que abordam a capacidade de lidar com problemas e com situações difíceis e (iv) aqueles que abordam a identidade do indivíduo, tentando responder a questões do tipo "quem sou eu?". Algumas obras não se encaixaram diretamente nesses grupos e foram classificadas pelo pesquisador como "miscelânea" (livros de hipnose e psicoterapia, por exemplo).

Em sua longa pesquisa, o professor Bergsma, que é membro do Departamento de Ciências Sociais da Universidade Erasmo de Roterdã, cita os principais mitos encontrados de modo recorrente nessas obras:

2 BERGSMA, A. Do self-help books help? *Journal of Happiness Studies,* v. 9, p. 341-360, 2008.

1. *Expresse a sua raiva e ela desaparecerá*: estudos mostram que o fato de expressar a raiva apenas ajuda a perpetuá-la.

2. *Quando estiver deprimido, concentre-se em pensamentos positivos*: de maneira semelhante ao mito anterior, pensar em coisas boas quando deprimido pode até piorar a depressão.

3. *Visualize os seus objetivos que isso facilitará a sua chegada até eles*: errado. O que deve ser visualizado são os eventuais obstáculos e os passos necessários para se chegar aos objetivos.

4. *Autoafirmação ajuda a elevar a autoestima*: também parece ser uma falácia. A autoestima é o saldo do relacionamento com os demais. O que o indivíduo precisa é do elogio e do reconhecimento dos demais (chamado pelo brilhante professor e escritor brasileiro Stephen Kanitz por validação), e não de si próprio.

5. *A audição ativa pode ajudar na comunicação com o seu parceiro*: o relacionamento de casais felizes é baseado mais no respeito pelo outro, na seriedade e na ausência de hostilidade, e não no fato de se ouvirem mutuamente.

Em relação à efetividade dos livros de autoajuda, o pesquisador aponta que antes de realizar essa análise é necessário dividir novamente tal literatura em dois outros agrupamentos: os livros que lidam com o crescimento pessoal de maneira genérica, global; e os livros que abordam circunstâncias específicas, como a depressão, a ansiedade, a vontade de parar de fumar ou beber, e outras. A esta última situação, isto é, à leitura de obras específicas voltadas a um determinado tema com fins terapêuticos, deu-se a designação de *biblioterapia*.

Embora ainda incipiente, já existe evidência científica válida de que a *biblioterapia* é útil em determinados casos, como na depressão leve a moderada, na ansiedade, na cefaleia, na insônia e na disfunção sexual.

Quanto aos livros de autoajuda que abordam o crescimento humano de maneira global, os dados de literatura científica são praticamente ausentes. De qualquer modo, em uma das raras

Medicina da felicidade

pesquisas publicadas, Starker e colaboradores[3] observaram que a maioria dos leitores se beneficia de alguma maneira dessas leituras. Ao analisar 67 funcionários que trabalhavam em um hospital, homens e mulheres entre 27 e 86 anos de idade, os autores concluíram que para a maioria dos indivíduos pesquisados (85%) a leitura de obras de autoajuda foi útil. Entre os benefícios trazidos pelas obras, foram apontados a melhora na compreensão de si mesmo, maior segurança nos relacionamentos, a ampliação da paz de espírito, a abertura de novos modos de pensar e o surgimento de novas abordagens para velhos problemas.

Bergsma fornece uma explicação direta para o fato de a maioria das pessoas se beneficiar de alguma maneira dos livros de autoajuda: as mensagens contidas neles correspondem aos resultados das pesquisas que abordam a felicidade, como a ênfase na valorização da família, dos amigos e dos relacionamentos.

A autoajuda representa ainda um amplo campo para estudo dentro da Psicologia e da Medicina. Uma quantificação melhor dos seus resultados, bem como quando comparados com aqueles obtidos por meio das alternativas de tratamento consagradas para determinadas situações, possivelmente ajudará a esclarecer melhor essa situação. De qualquer forma, no momento, os livros de autoajuda parecem realmente trazer algum benefício aos indivíduos – e aqueles que defendem a sua inutilidade parecem não contar com argumentos sólidos para fundamentar a sua opinião.

A FELICIDADE COMO DIREITO FUNDAMENTAL DOS INDIVÍDUOS[*]

Recentemente, uma resolução da Organização das Nações Unidas (ONU) reconheceu que a busca da felicidade é um direito humano fundamental. Essa resolução recebeu o título "A Felicidade: para um Enfoque Holístico do Desenvolvimento" e reconheceu que a felicidade é uma aspiração universal.

A partir de então, os países que fazem parte da ONU devem promover a elaboração de medidas que reflitam melhor a importância desse objetivo em suas políticas públicas.

3 STARKER, S. *Oracle at the supermarket: the American preoccupation with self-help books.* New Brunswick: Transaction Publishers, 1989.
*Dra. Sílvia Maria Derbli Schafranski, advogada e escritora.

A felicidade e o bem-estar passaram a constituir objetivo fundamental de toda e qualquer política pública. Houve uma mudança paradigmática que vincula a felicidade individual e coletiva ao direito.

Na doutrina constitucional norte-americana, o princípio constitucional da busca da felicidade tem sido utilizado pela jurisprudência para assegurar a efetividade dos direitos fundamentais.

No Brasil, existe uma proposta de emenda à Constituição em que felicidade individual e direitos sociais estão ligados. Percebe-se, portanto, que a felicidade passou a ter considerável importância jurídica nos âmbitos mundial e nacional.

O senador Cristovam Buarque apresentou na Comissão de Direitos Humanos e Legislação Participativa a denominada "PEC da Felicidade" ou "dos Direitos Sociais", a qual traz em seu bojo a possibilidade de inclusão formal na Constituição da República do direito fundamental à busca da felicidade. A proposta de Emenda à Constituição denominada PEC 513/10, caso aprovada, dará nova redação ao artigo 6º da Magna Carta, que assim dispõe:

Art. 6º. São direitos sociais, essenciais à busca da felicidade, a educação, a saúde, o trabalho, a moradia, o lazer, a segurança, a previdência social, a proteção à maternidade e à infância, a assistência aos desamparados, na forma desta Constituição.

(grifo nosso)

Ressaltamos que, muito embora o projeto ainda esteja tramitando no Congresso Nacional, já havia entendimento com o Supremo Tribunal Federal a respeito do tema.

Salienta-se, portanto, que o reconhecimento do direito à busca da felicidade implica não apenas o reconhecimento de que todos os indivíduos têm direito a perseguir os seus sonhos, mas também uma atitude positiva do Estado relacionada ao dever de facilitar e promover a felicidade dos indivíduos.

No julgamento do AI 548146/AM, no dia 22 de dezembro de 2005, o relator ministro Carlos Velloso proferiu a seguinte decisão:

(...) uma das razões mais relevantes para a existência do direito está na realização do que foi acentuado na Declaração da Independência dos Estados Unidos da América, de 1776, o direito do homem de buscar a felicidade. Noutras palavras, o direito não existe como forma de tornar amarga a vida dos seus destinatários, senão de fazê-la feliz.

No dia 3 de fevereiro de 2006, o Supremo Tribunal Federal, na ADI 3300/DF, reconheceu, em um caso que versava sobre a união estável entre homossexuais, o direito à busca da felicidade como princípio fundamental. Senão, vejamos:

(...) Não obstante as razões de ordem estritamente formal, que tornam insuscetível de conhecimento a presente ação direta, mas considerando a extrema importância jurídico-social da matéria cuja apreciação talvez pudesse viabilizar-se em sede de arguição de descumprimento de preceito fundamental, cumpre registrar, quanto à tese sustentada pelas entidades autoras, que o magistério da doutrina, apoiando-se em valiosa hermenêutica construtiva, utilizando-se da analogia e invocando princípios fundamentais (como os da dignidade da pessoa humana, da liberdade, da autodeterminação, da igualdade, do pluralismo, da intimidade, da não discriminação e da busca da felicidade), tem revelado a percepção do alto significado de que se revestem tanto o reconhecimento do direito personalíssimo à orientação sexual, de um lado, quanto à proclamação da legitimidade ético-jurídica da união homoafetiva como entidade familiar, de outro, em ordem a permitir que se extraiam, em favor de parceiros homossexuais, relevantes consequências no plano do Direito e na esfera das relações sociais.

Tais julgados nos levam a perceber a importância da felicidade atrelada ao Direito.

A FELICIDADE E O DIREITO DE FAMÍLIA

A relevância da instituição familiar e da vida em família como pilar de sustentação da formação sociocultural humana jamais poderá ser contestada. Porém, não há como ignorar que a família brasileira contemporânea em muito difere dos padrões clássicos por meio dos quais inicialmente se estruturou, o que reflete as mudanças que vêm ocorrendo na sociedade em seu processo de evolução histórica. Dentro de um estado democrático de direito, as instituições sociais precisam estar submetidas a um processo de constante reflexão.

Há de se considerar que as mudanças socioculturais refletem-se nas instituições sociais e muitas vezes entram em choque com o complexo axiológico vigente numa determinada época, ocorrendo a necessidade do redimensionamento de determinados parâmetros valorativos, em função da nova realidade que se apresenta.

Isso não significa que o Direito deva ser submetido ao jogo de interesses passageiros ou particulares, mas faz-se mister entendê-lo como uma dimensão da vida humana, que expressa a dialética do homem e da própria sociedade. Pode-se perceber, portanto, a mútua relação entre os fenômenos sociais e os fenômenos jurídicos, compreendendo-se que as modificações na realidade social subjacente ao Direito que a envolve trazem consequentes modificações na ordem jurídica.

Deve-se entender que o direito de família, necessariamente, merece ser analisado pelo prisma da Constituição Federal (que se mostrou aberta ao acolher novos valores), o que traz uma nova dimensão de tratamento dessa disciplina. Assim sendo, é imperioso analisar os institutos de direito privado tendo como *ponto de origem* a Constituição Federal de 1988, que alterou substancialmente a concepção de família e estendeu proteção a essa nova forma de se conceber o instituto. A doutrina reconhece que ocorreu o deslocamento das funções econômico-políticas e religiosas da família dos modelos anteriores para a função socioafetiva e eudemonista que caracteriza a família moderna, o que ocasionou a repersonalização das relações civis fulcrada em novos princípios.

A felicidade como objetivo a ser perseguido pelos indivíduos reflete-se igualmente nas instituições familiares.

Hoje, falar em família implica reconhecer uma pluralidade de formas sobre a qual ela pode se apresentar, seja oriunda das relações de casamento, de união estável, seja monoparental ou mesmo de relações homossexuais.

O modelo clássico de família passou a ser questionado e hoje o reconhecimento desse instituto leva em consideração as relações de afeto (em sentido amplo) e o eudemonismo, ou seja, a busca pela felicidade como finalidade natural da vida humana.

A busca da felicidade tem sido utilizada para fundamentar as mais recentes decisões em nossa jurisprudência envolvendo diversas questões no direito de família, tais como: possibilidade de união estável entre homossexuais, possibilidade de haver casamento entre homossexuais e a possibilidade de adoção por pares homossexuais, sendo que em tais decisões o princípio da busca da felicidade é bastante utilizado.

O direito à busca da felicidade tornou-se, portanto, verdadeiro postulado constitucional implícito, que se qualifica como expressão de uma ideia que deriva do princípio essencial da dignidade da pessoa humana.

Pelo exposto, observa-se que a Felicidade (sim, com letra maiúscula) tem sido tratada com absoluta seriedade tanto dentro do Direito, como dentro de outras áreas, como a Medicina, as Ciências Sociais, a Psicologia e outras, o que corrobora a importância e a validade da obra em questão.

Introdução••••

Antes de iniciar a jornada pela Ciência da Felicidade (a maneira como se denomina o estudo da felicidade nos padrões científicos vigentes), é necessário definir os termos que serão usados a partir de agora. Felicidade, bem-estar subjetivo, bem-estar objetivo, qualidade de vida, todos eles têm o seu significado e aplicação apropriados e válidos. Ainda dentro da introdução, serão apresentadas as maneiras como a felicidade é abordada nos estudos científicos. Para uma compreensão plena dos artigos, pequenas noções de estatística serão fornecidas em uma seção exclusiva. E, finalmente, a psiquiatria, especialidade médica que se destina a lidar com os aspectos mais amplos da felicidade – desde a sua ausência, o que se denomina convencionalmente por depressão, até o seu excesso, que se manifesta, entre outras formas, pela mania –, será abordada com uma visão que você provavelmente ainda não conhece.

O QUE É FELICIDADE?

Pereira[1] (1997) classificou a qualidade de vida em dois componentes principais: bem-estar objetivo (do inglês, *welfare*), no qual se incluem as circunstâncias objetivas de vida (por exemplo, renda, grau de escolaridade, condições de saúde, meios de transporte à disposição, moradia) e o bem-estar subjetivo (do inglês, *well-being*), composto de experiências subjetivas e de apontadores emocionais, incluindo a avaliação a respeito da satisfação com a vida.

De acordo com Conceição e Bandura[2] (2008), o bem-estar subjetivo envolve uma abordagem multidimensional da vida, incluindo o julgamento cognitivo da satisfação com a vida

---

1 PEREIRA, C. A. A. Um panorama histórico-conceitual acerca das dimensões de qualidade de vida e do bem-estar subjetivo. *Arquivos Brasileiros de Psicologia*, v. 49, n. 4, p. 32-48, 1997.

2 CONCEIÇÃO, P.; BANDURA, R. Measuring Subjective Wellbeing: A Summary Review of the Literature. *United Nations Development Programme* (UNDP), 2008.

e a abordagem subjetiva de afetos e de estados de espírito. Para alguns economistas, o bem-estar subjetivo pode ser usado como sinônimo de felicidade, mas, para os psicólogos, a felicidade é um termo muito mais estreito do que o bem-estar subjetivo. Os pesquisadores Bruni e Porta[3] (2007) colocam algumas distinções importantes entre felicidade e bem-estar subjetivo. Eles destacam que os psicólogos fazem distinção entre: (i) satisfação com a vida, que é um elemento cognitivo; (ii) afeto, que é o elemento afetivo, e (iii) bem-estar subjetivo, como um estado de bem-estar, sintético e de longa duração, o qual inclui tanto elementos cognitivos quanto afetivos. O bem-estar subjetivo é composto de quatro elementos primordiais:

1. Emoções prazerosas.
2. Emoções desagradáveis.
3. Avaliação da vida como um todo.
4. Satisfação em domínios (casamento, saúde, lazer e outros).

A felicidade, por sua vez, é um conceito mais estreito que o bem-estar subjetivo e diferente de satisfação com a vida: embora tanto a felicidade quanto a satisfação com a vida façam parte do bem-estar subjetivo, a satisfação com a vida é definida como a distância percebida pelos indivíduos, separando o seu estado atual das suas aspirações, e a felicidade resulta de um balanço, ou saldo, entre os afetos positivos e negativos vividos até o momento.

Em linhas gerais, o bem-estar subjetivo é sinônimo de *ser feliz*, compatível com a abordagem de Aristóteles conhecida por *eudaimonia*, palavra grega traduzida frequentemente como felicidade ou bem-estar, mas cuja tradução mais apropriada seria algo como *prosperidade humana*. Por outro lado, *satisfação* e *felicidade* são analisadas dentro de uma conjuntura de *sentir-se feliz*, compatível com uma abordagem hedônica, mais ligada ao prazer.

Pesquisadores como McGillivray e Clarke[4] (2006) assumem que conceitos como qualidade de vida, bem-viver, satisfação

---

3 BRUNI, Luigino; PORTA, Pier Luigi. *Handbook on the Economics of Happiness*. Cheltenham, UK, Edward Elgar, 2007.

4 McGILLIVRAY, M.; CLARKE, M. *Understanding Human Well-Being*. Basingstoke. Palgrave MacMillan, 2006.

com a vida, prosperidade, desenvolvimento, expansão, desenvolvimento humano e felicidade podem ser usados de maneira recíproca com a palavra bem-estar. Economistas também utilizam habitualmente os termos *felicidade* e *satisfação com a vida* como sinônimos. E, finalmente, há autores como Frey e Stutzer[5] (2000) que dividem a felicidade em subjetiva, isto é, quão felizes os indivíduos dizem estar se sentindo, e felicidade objetiva, medida por um exame chamado eletroencefalograma, que avalia a mudança das ondas cerebrais à exposição a determinados eventos, situações ou ideias.

É POSSÍVEL MEDIR A FELICIDADE?

Um questionamento importante sempre surge quando se fala em estudar a felicidade nos moldes científicos atuais, o qual consiste essencialmente em produzir uma hipótese, desenvolver o projeto metodologicamente adequado para confirmá-la (ou rejeitá-la), aplicar aos achados os testes estatísticos apropriados e tirar as conclusões pertinentes diante dos resultados obtidos. A resposta a essa indagação é simples e direta: é possível, sim – mas desde que sejam aplicados na metodologia do estudo os instrumentos de medida adequados e validados pela comunidade científica para esse fim. E tais instrumentos de medida não apenas existem, mas são inúmeros. Alguns deles serão apresentados a seguir.

A quantificação da felicidade, seja ela de indivíduos, agrupamentos ou até mesmo de países inteiros, foi por muitos anos de interesse apenas de teólogos e filósofos. A partir da década de 1950, outras áreas, como as ciências sociais, a economia e a psiquiatria, passaram a se dedicar ao tema.

A maneira mais utilizada em estudos científicos para quantificar os múltiplos domínios do bem-estar subjetivo é também subjetiva: o indivíduo reporta o seu nível de felicidade ou de satisfação com a vida dentro de uma escala predeterminada (habitualmente variando de 0 a 10, mas há

---

5 FREY, B. S.; STUTZER A. Happiness, Economics and Institutions. *The Economic Journal*, v. 110, p. 918-938, 2000.

escalas que utilizam 1 a 4 ou 1 a 7, sendo que quanto maior o valor, mais alto o nível de satisfação).

A felicidade subjetiva, por exemplo, é abordada em duas grandes pesquisas que avaliam as mudanças no comportamento humano através das décadas. A *General Social Survey* (Pesquisa Social Geral), inquérito demográfico, comportamental e atitudinal realizado anualmente nos Estados Unidos desde 1972, utiliza para avaliação da felicidade a seguinte questão: "Levando-se em consideração todas as coisas como estão hoje, você diria que está muito feliz, um pouco feliz ou nem tão feliz?". A *World Values Survey* (Pesquisa dos Valores Humanos), que há 30 anos avalia as mudanças de comportamento e de valores em cerca de 50 países, acrescenta um quarto item à mesma pergunta (nada feliz) e faz ainda um segundo questionamento: pede aos indivíduos que quantifiquem o seu grau de satisfação com a vida em uma escala de 0 a 10, sendo que quanto maior o valor, maior a satisfação.

A *Gallup World Poll* (Pesquisa Mundial Gallup, www.gallup.com), realizada entre 2005 e 2006 em 130 países, adotou uma pergunta ligeiramente diferente para abordar o bem-estar subjetivo: "Imagine uma escada de 10 degraus, sendo que o degrau 10 representa a melhor vida possível para você e o degrau 0 representa a sua pior vida. Em que degrau você considera que está hoje?". A mesma pesquisa indaga o indivíduo em relação à sua expectativa futura, utilizando-se da mesma questão para perguntar em que degrau ele estará daqui a cinco anos. Essa pesquisa revelou que os sete países com mais altos índices de bem-estar subjetivo do mundo são, respectivamente, a Dinamarca, a Nova Zelândia, o Canadá, a Venezuela, a Austrália, os Estados Unidos e o Brasil.

Em níveis populacionais, o termo *Gross National Happiness* (GNH, algo como Felicidade Interna Bruta – FIB) foi criado como uma tentativa de se obter com maior precisão, em um plano também holístico e psicológico, o progresso social dos países, algo que o indicador econômico conhecido por Produto Interno Bruto (PIB) é incapaz de aferir. O termo foi cunhado inicialmente em 1972, pelo então rei do pequeno país asiático Butão, Jigme Singye Wangchuc, e foi inspirado em valores espirituais budistas.

Novos conceitos foram acrescentados posteriormente pelo economista Med Jones, presidente do International Institute of Management, e o GNH conta atualmente com sete métricas: (i) satisfação econômica, incluindo economias, dívidas e capacidade de compra; (ii) satisfação ambiental, incluindo poluição, barulho e tráfego; (iii) satisfação com o ambiente de trabalho, abordando a percepção em relação ao emprego, a motivação, a ética no trabalho e os conflitos relativos a ele; (iv) a saúde física, principalmente quanto a doenças graves e sobrepeso; (v) saúde mental, abordando o uso de antidepressivos e a autoestima; (vi) satisfação social, tanto doméstica quanto da sociedade, incluindo índices criminais e questões judiciárias; e (vii) satisfação política (liberdade individual, democracia e corrupção).

Os quatro alicerces da FIB são o cuidado e a promoção dos valores culturais, o desenvolvimento socioeconômico sustentável e igualitário, a conservação da natureza e o estabelecimento de um governo apropriado e capaz.

COMO ENTENDER OS NÚMEROS

À frente, quando os estudos científicos que abordam a felicidade serão descritos e avaliados, lançaremos mão de alguns termos estatísticos cuja definição é apropriada para a correta interpretação dos achados referentes às pesquisas. Então, seguem os mais frequentemente utilizados.

Quando o termo **média** aparecer, refere-se à média aritmética simples. É a medida de posição mais utilizada e a mais intuitiva de todas. A média de um conjunto de valores numéricos é calculada somando-se todos esses valores e dividindo-se o resultado pelo número dos elementos somados, que é igual ao número de elementos do conjunto: a média de n números é sua soma dividida por n.

A **correlação** é a relação mútua entre dois termos. É expressa mediante um coeficiente, representado pela letra erre minúscula (r). O r varia de -1 (menos 1) até +1 (mais 1). Quando o r se aproxima de +1, diz-se que há correlação positiva entre os termos. Um exemplo fictício: a correlação entre idade e número de amigos foi de 0,8 (r = 0,8). Ou seja, quanto mais idoso o indivíduo, maior o seu número de amigos. Quando o *r* tende para -1, diz-se que há correlação inversa ou negativa. Exemplo: a correlação entre o número de jogos de videogame das crianças e o tempo de brincadeira ao ar livre foi de -0,9. Ou seja, quanto maior o número de jogos, menos as crianças se divertem ao ar livre. Quando o *r* resulta em algum valor próximo de 0 (zero), se convenciona que não há correlação nenhuma entre as variáveis. Quanto maior (ou menor) o *r*, maior (ou menor) a correlação. E os valores exatos de -1 e de +1 são considerados correlações (positivas ou negativas) perfeitas.

E, finalmente, quando se afirma que o resultado foi **estatisticamente significativo**, os autores quiseram dizer que a chance de os resultados terem sido obtidos ao acaso (representada convencionalmente pela letra *p*) foi menor do que 5% (0,05). Embora haja múltiplas controvérsias, tanto em torno desse valor, quanto em relação à própria definição e sua origem, a comunidade científica considera 5% como valor de corte entre o significativo e o não significativo. Esse valor é obtido por meio de programas estatísticos, cuja compreensão e uso fogem do escopo desta obra. Portanto, o termo **estatisticamente significativo** pode ser usado genericamente como sinônimo de *aceito pela comunidade científica mundial*.

SERÁ A PSIQUIATRIA CAPAZ DE GARANTIR A FELICIDADE?

O fato de almejar felicidade traz imediatamente à discussão o uso de antidepressivos. Muitos ainda acreditam que a manipulação dos múltiplos neurotransmissores que atuam na mente humana com o uso de drogas, algumas delas com efeitos colaterais frequentes e até mesmo graves, pode resultar em um estado de bem-estar semelhante à felicidade. E não são poucos os indivíduos que pertencem a esse grupo, sejam eles cientistas, profissionais da saúde ou mesmo leigos, que creem de modo veemente que o uso de substâncias psicoativas torna muito mais fácil e efetiva a obtenção da felicidade do que a busca desta por meio de mudanças ambientais e sociais.

Aqueles que estudam profundamente as origens da psiquiatria trazem uma luz importante a essa ainda obscura questão, principalmente ao observar o cenário conflituoso em que se originou a maioria dos diagnósticos psiquiátricos, bem como os seus respectivos tratamentos.

Marcia Angell[6], psiquiatra americana, publicou na revista *The New York Review of Books* (2011) um artigo chamado *The Illusion of Psychiatry* (A Ilusão da Psiquiatria), no qual ela sumariza os pontos principais de três importantes livros publicados recentemente abordando as falhas dessa especialidade médica. Os pontos principais da análise são destacados a seguir, os quais colocam em risco não apenas a acurácia dos diagnósticos psiquiátricos, mas também as reais indicações e a eficácia dos tratamentos antidepressivos disponíveis na atualidade, incluindo aqueles rotulados como de "última geração".

Até a introdução dos primeiros medicamentos que atuam no sistema nervoso central, na década de 1950, a psiquiatria era uma ciência basicamente freudiana, isto é, baseada nos estudos de psicanálise do neurologista austríaco Sigmund Freud. Acreditava-se que as doenças mentais tinham a sua origem em conflitos do subconsciente, de início habitualmente na infância, e que a mente era um órgão absolutamente separado do cérebro. Os pacientes psiquiátricos eram disputados igualitariamente com psicólogos e com assistentes sociais.

Com a introdução das drogas psicoativas, os psiquiatras começaram a se interessar cada vez mais pelos neurotransmissores e cada vez menos pelas histórias dos pacientes, se autodenominando psicofarmacologistas. Ainda assim, o otimismo gerado pelas primeiras drogas foi em parte diminuído pelos frequentes – e por vezes graves – efeitos colaterais desses medicamentos, ainda em fase inicial de aplicação clínica.

Então, no final dos anos 1970, a psiquiatria enquanto especialidade médica realmente contra-atacou. Como Robert Whitaker relata no livro *Anatomy of an Epidemic* ("Anatomia de uma Epidemia"), o diretor médico da American Psychiatric Association (APA), Melvin Sabshin, declarou em 1977 que "um esforço vigoroso para medicalizar os pacientes psiquiátricos deveria ser fortemente apoiado" e lançou uma campanha utilizando a mídia e empresas de relações públicas

---

6 ANGELL, M. The Illusion of Psychiatry. *The New York Review of Books*, jul. 2011.

cujo objetivo era colocar em prática exatamente esse ponto de vista. Afinal, a psiquiatria tinha em suas mãos uma arma de que os seus competidores não dispunham: a receita médica.

A APA na época trabalhava na publicação da terceira edição do DSM (*Diagnostic and Statistical Manual of Mental Disorders*, o Manual Diagnóstico e Estatístico de Transtornos Mentais), livro que contém os critérios diagnósticos para todas as doenças psiquiátricas catalogadas e é considerado a bíblia da psiquiatria. A primeira e segunda edições, datadas de 1952 e 1968, eram basicamente freudianas em sua constituição, e quase desconhecidas fora da especialidade. Sob a liderança de Robert Spitzer, renomado professor de Psiquiatria da Columbia University, foi lançado em 1980 o DSM-III, trazendo 265 doenças psiquiátricas, número notadamente maior do que os 182 transtornos da edição anterior.

Como o então presidente da APA, Jack Weinberg, afirmou em 1977, o manual "não deixava dúvidas da existência da psiquiatria como especialidade médica". Diferentemente das edições anteriores, o livro se tornou conhecido não apenas dentro da psiquiatria, mas passou a ser adotado também por companhias de seguro, escolas, prisões, hospitais, agências governamentais, pesquisadores e pelo restante da classe médica. O principal objetivo do manual era trazer consistência (às vezes chamada de confiabilidade) para os diagnósticos psiquiátricos. Foi ele que trouxe os famosos grupos de critérios, com os seus limites predefinidos (por exemplo, para o diagnóstico de depressão maior, eram – e ainda são – necessários ao menos cinco critérios, dentre os nove presentes na lista). Mas para a presidente da APA em 2010, Carol Bernstein, havia outro objetivo: encaixar os pacientes nos tratamentos farmacológicos que se tornavam cada vez mais disponíveis. E a própria credibilidade do DSM-III foi colocada em dúvida posteriormente, uma vez que foi escrito apenas por um homem auxiliado eventualmente por um comitê de 15 membros. Em artigo publicado em 1984, o professor de psiquiatria de Harvard George Vaillant afirmou que o DSM-III não passou de "uma série ousada de escolhas baseadas na adivinhação, gosto, desejo e preconceito".

Vieram o DSM-IV em 1994 e o DSM-IV-TR (texto revisado) em 2000, agora com 365 doenças e ainda nenhuma referência científica confiável que o fundamente, algo inacreditável, que o aproxima mais do Apocalipse do que da Bíblia propriamente dita. Em determinadas seções do livro, como as que versam sobre esquizofrenia e sobre distúrbios do humor, 95% dos autores têm algum laço com a indústria farmacêutica produtora de medicamentos psiquiátricos. A situação se torna ainda mais nebulosa quando Daniel Carlat, autor do livro *Unhinged: The Trouble with Psychiatry – A Doctor's Revelations About a Profession in Crisis* ("Perturbado: o Problema com a Psiquiatria – Revelações de um Médico sobre uma Profissão em Crise"), afirma que não há justificativa racional para o psiquiatra optar entre uma ou outra droga de um mesmo grupo na maioria das situações clínicas. E Irving Kirsch, autor do livro *The Emperor's New Drugs* ("A Nova Droga do Imperador", uma alusão à fábula infantil *A Nova Roupa do Imperador*, que na realidade não passava de nudez), vai mais longe, afirmando que as drogas psiquiátricas não passam de placebos (substâncias inertes) ativados por uma falsa ilusão do poder de mago do médico psiquiatra.

Em 1999, começaram os trabalhos de revisão para o DSM-V, a ser publicado provavelmente ainda em 2012. Alterações iniciais passarão também a ser consideradas doenças, como é o caso da "síndrome de risco psicótico" e do "comprometimento cognitivo leve", entre outras. Ou seja, a cada novo DSM, ficará cada vez mais difícil receber o diagnóstico de "normal".

O artigo da doutora Angell, baseado na sua análise das três obras em questão*, sugere que três inadequados pilares sustentam o *modus operandi* da psiquiatria moderna, ao menos nos Estados Unidos: (i) o excesso de diagnósticos, na maioria das vezes sem um fundamento científico sólido; (ii) o exagero no uso de medicamentos, cujas escolhas são ditadas mais pelos laboratórios produtores das drogas do que pela real superioridade de uma droga em relação a outra, e (iii) a presença de amplos conflitos de interesse entre os médicos e a indústria farmacêutica, manifestados inclusive na redação dos textos usados para a distinção entre o normal e o patológico e nos consensos que guiam as opções terapêuticas dentro da especialidade.

---

* As três obras citadas ao longo do texto ainda não foram lançadas no Brasil.

SOBRE A EFICÁCIA DOS ANTIDEPRESSIVOS

Embora sejam drogas sempre líderes de venda no concorrido mercado farmacêutico – em 2010, três dos vinte medicamentos líderes de venda nos Estados Unidos pertenciam a essa classe –, a eficácia dos medicamentos antidepressivos tem sido motivo de debates acirrados dentro da psiquiatria em anos mais recentes. Outrora considerados "pílulas da felicidade", alcunha que a própria fluoxetina chegou a receber no final dos anos 1990, hoje os antidepressivos têm sido classificados por alguns como placebos (substâncias inertes) caros e perigosos. Alguns pesquisadores levantaram a hipótese de que alguns dos antidepressivos mais modernos, pertencentes ao grupo dos inibidores seletivos da recaptação da serotonina (ISRS) e dos inibidores seletivos da recaptação da noradrenalina (ISRN), não são mais efetivos do que o placebo no tratamento de quadros de depressão maior. A serotonina e a noradrenalina pertencem a um grupo de moléculas denominadas neurotransmissores, isto é, são compostos químicos envolvidos na comunicação entre os neurônios. Os defensores do uso dos antidepressivos advogam que, ao inibir a recaptação desses neurotransmissores na fenda sináptica (como é denominado o espaço virtual entre os neurônios, uma vez que não há contato direto entre eles), esse grupo de fármacos aumenta a quantidade de serotonina e de noradrenalina disponível para essa suposta "conversa" entre as células nervosas. E seria exatamente essa melhor comunicação que conduziria a uma melhora do quadro de depressão maior.

O grande problema se encontra no fato de que, embora amplamente difundida nos meios acadêmicos, principalmente por influência da indústria farmacêutica, essa teoria nunca foi provada cientificamente, seja em estudos animais ou humanos. A total ausência de fundamentação científica, aliada à informação de que, em estudos controlados, a resposta clínica dos pacientes deprimidos ao placebo se mostra bastante semelhante à sua resposta à droga ativa, fez com que pesquisadores do mundo todo levantassem sérias críticas à real utilidade dos antidepressivos no tratamento de distúrbios do humor. Digna de nota também é a incidência de suicídios, um dos principais motivos pelos quais a depressão deve ser tratada. A fluoxetina foi lançada em 1987 e se popularizou em meados dos anos 1990 – e a taxa de suicídios nos Estados Unidos entre os anos 1995 e 2000 se manteve estável, girando em torno de 11/100.000 habitantes, de acordo com o site *suicide.org*. É uma estabilidade impressionante, haja vista as vendas maciças da droga, que entre os anos de 1987 e 2000 eram responsáveis por cerca de um terço da receita total do laboratório que a produzia, até então com exclusividade.

Para alguns, essa explicação metafórica da falha na comunicação entre os neurônios em virtude da redução da serotonina e da noradrenalina na fenda sináptica, embora se trate de um reducionismo ingênuo, facilita a compreensão do paciente e o convence a utilizar as drogas. E a questão de que esse grupo de medicamentos age apenas como placebo também é defendida por alguns, que afirmam que, placebos ou não, eles auxiliam algumas pessoas a saírem do seu quadro de depressão.

Conforme relatado por Lacasse e Leo[7] (2005), pesquisadores de universidades da Flórida, nos Estados Unidos, em uma ampla revisão sobre o assunto, as críticas ao uso de antidepressivos vão desde amenas, como é o caso do psiquiatra Joseph Glenmullen, da Universidade de Harvard, o qual afirmou que "a deficiência de serotonina na depressão ainda não foi encontrada", até o absoluto sarcasmo, como as palavras proferidas pelo escritor científico John Horgan, que afirmou que "dada a onipresença e as múltiplas funções da serotonina, implicá-la na gênese da depressão seria o mesmo que acreditar que o sangue está envolvido nela". Mesmo a resposta que alguns pacientes apresentam ao uso desses medicamentos é motivo de questionamento. Os pesquisadores Pedro Delgado e Francisco Moreno, em artigo publicado no *Journal of Clinical Psychiatry*, apontam que "acreditar que pacientes melhoram da depressão em virtude do aumento da serotonina proporcionada pelos antidepressivos seria o equivalente a acreditar que um paciente melhora de uma alergia com o uso de corticoide porque possuía uma deficiência orgânica dessa substância".

---

7 LACASSE, J. R.; LEO, J. Serotonin and Depression: A Disconnect between the Advertisements and the Scientific Literature, *PLoS Medicine*, v. 2, n. 12, p. e392, 2005.

A conclusão a que se chega é que a saúde mental depende muito mais do próprio ser humano, das suas ações, do seu ambiente, dos seus relacionamentos, do que da medicina em si, cujo arsenal terapêutico ainda deixa muito a desejar no que diz respeito a garantir a felicidade ao indivíduo. E talvez essa tenha sido a principal inspiração para o desenvolvimento desta obra. O que se pode fazer, de modo prático, aplicável e sobretudo científico, para tentar tornar a vida mais feliz?

A partir daqui, começará a série de relatos científicos abordando esse tema. Quais são as evidências científicas atuais capazes de constar em uma possível receita de felicidade?

A FELICIDADE COMO DOENÇA

Em artigo publicado em 1992, o professor Richard P. Bentall[8], do Departamento de Psicologia da Universidade de Liverpool, na Inglaterra, propôs que a felicidade fosse incluída na então edição seguinte do DSM-IV como mais uma das dezenas de novas doenças psiquiátricas. Ela se enquadraria nos *Transtornos Afetivos Maiores, tipo prazeroso.*

Em sua apologia da "doença felicidade", o autor afirma que o fato de ser feliz é estatisticamente anormal e está associado a uma série de anormalidades cognitivas que refletem alterações dentro do sistema nervoso central (SNC). O professor até mesmo classifica a felicidade como um fator de risco moderado para o aumento da mortalidade, por sua correlação direta com a ingestão excessiva de bebidas alcoólicas e com a obesidade.

Apesar das sérias críticas aos DSMs, já amplamente colocadas aqui, a felicidade ainda não foi transformada em doença. Mas ideias como essa, cuja fundamentação científica de baixa credibilidade é possível não apenas dentro da psiquiatria, mas em toda a medicina, podem colaborar para o enfraquecimento dessa especialidade em seu desígnio maior, que é ajudar as pessoas. E é exatamente essa credibilidade que o presidente da APA, Steven S. Sharfstein, se propôs a restaurar, quando eleito em 2005, oportunidade em que destacou, entre outros problemas da especialidade, a elevada

---

8 BENTALL, R. P. A proposal to classify happiness as a psychiatric disorder. *Journal of Medical Ethics*, v. 18, n. 2, p. 94-98, 1992.

Medicina da felicidade

taxa de erros médicos e o relacionamento às vezes vicioso com a indústria farmacêutica[9].

Caso a fundamentação do professor Bentall fosse acatada pelos psiquiatras responsáveis pelo texto do DSM-IV, um novo grupo de drogas teria surgido e, com toda a certeza, estaria sendo propagado mundo afora com força total: os medicamentos "depressivos".

EXISTE UM LIMITE PARA A FELICIDADE?

Quando se fala em aumentar a felicidade, além da questão financeira, é claro, uma segunda indagação é recorrente: é possível ser mais feliz? Esse questionamento está em plena consonância com o que se chama cientificamente de a "teoria do *set-point*" (sem tradução exata para a língua portuguesa, mas algo como a "teoria do limite preestabelecido"). Essa teoria, vigente desde os anos 1970 até os anos 1990, e que até hoje ainda conta com alguns defensores, advoga que existe um limite individual para a felicidade, dependente de fatores genéticos e com traços de personalidade moldados e expressos desde o início da vida. Para os pesquisadores que comungam dessa teoria, querer ser mais feliz seria o mesmo que tentar ser mais alto depois de adulto.

Vieram os anos 1990, e o estudo da felicidade dentro da Psicologia e da Medicina ganhou força. O que era interesse de apenas uma minoria passou a ser o foco principal de pesquisa para diversos psicólogos e economistas. Estudos envolvendo gêmeos, considerados ideais quando se deseja determinar quanto a genética é importante na expressão de algum traço ou doença, revelaram que a felicidade parece ser genética, sim. Mas a loteria de bases púricas e pirimídicas que compõem o DNA humano explica apenas 40% a 50% dos níveis de felicidade dos indivíduos. Por exemplo, de acordo com um dos maiores estudos que abordam esse tema, Roysamb e colaboradores[10], do Instituto de Saúde Pública

9 SCHNEIDER, M. E. New APA president vows to restore specialty's credibility. Clinical *Psychiatry News*, jul. 2005.

10 RØYSAMB, E.; TAMBS, K.; REICHBORN-KJENNERUD T.; NEALE M.C.; HARRIS, J. R. Happiness and health: environmental and genetic contributions to the relationship between subjective well-being, perceived health, and somatic illness. *Journal of Personality and Social Psychology*, v. 85, n. 6, p. 1136-1146, 2003.

da Noruega, avaliaram 6.576 pares de gêmeos noruegueses e chegaram a um coeficiente de concordância relacionado ao bem-estar subjetivo de 0,5 (50%). A influência genética pareceu ser bastante semelhante entre os sexos, não exercendo maior ou menor controle em pessoas do sexo masculino ou feminino. Ou seja, a influência do ambiente exerce um papel fundamental – e muito semelhante ao dos traços herdados – no crescimento e manutenção de um indivíduo feliz. E são exatamente esses fatores que vêm sendo cada vez mais estudados por um novo ramo dentro da Psicologia e da Medicina denominado de Ciência da Felicidade.

Um dos estudos de maior credibilidade que colocou em dúvida o determinismo da "teoria do limite preestabelecido" foi realizado por Bruce Headey[11], professor de Ciências Sociais da Universidade de Tilburg, na Holanda, cujos dados foram publicados em 2010 no periódico científico *PNAS*.

Por meio de um amplo inquérito populacional conhecido por *German Socio-Economic Panel Survey* (SOEP, Pesquisa do Painel Socioeconômico Alemão), um estudo populacional que coletou, entre outras informações, dados relacionados à satisfação com a vida de pessoas com 16 anos ou mais durante aproximadamente 14 anos (coletados entre os anos de 1984 e 2010), os pesquisadores demonstraram que as escolhas próprias e as políticas públicas influenciam diretamente a satisfação do indivíduo com a vida. Os resultados dessa ampla e bem fundamentada pesquisa enfraqueceram de vez a "teoria do limite preestabelecido", abrindo cada vez mais o caminho para os estudos que abordam a influência dos fatores ambientais modificáveis capazes de tornar a pessoa mais feliz. Entre os aspectos levantados pelos pesquisadores como provavelmente envolvidos nesse processo, encontram-se os relacionamentos, o trabalho, a saúde, o lazer, a vida social e a religião.

Analisando cuidadosamente os dados presentes no SOEP, os pesquisadores observaram e avaliaram inicialmente o que chamaram de *grandes eventos da vida*. Curiosamente,

---

11 HEADEY, B.; MUFFELS, R.; WAGNER, G. G. Long-running German panel survey shows that personal and economic choices, not just genes, matter for happiness. PNAS, v. 17, n. 42, p. 17922-17926, 2010.

Medicina da felicidade

nenhum grande evento foi relacionado à felicidade duradoura. Por outro lado, o desemprego, considerado um desses grandes eventos, foi o único associado a períodos prolongados de tristeza.

O abandono da "teoria do limite preestabelecido", bem como a redução da importância dos *grandes eventos da vida*, sejam eles positivos ou negativos, foi uma das maiores contribuições do SOEP para o estudo da felicidade e da satisfação com a vida. O resultado desse estudo é praticamente a teorização dos famosos adágios populares que afirmam que "a felicidade se encontra nas pequenas coisas" e que "só não é feliz quem não quer".

Os limites para a felicidade foram derrubados. E os estudos científicos que abordam as maneiras de se tornar mais feliz e aumentar a satisfação com a vida não apenas ganharam a devida credibilidade, mas passaram a ser realmente valorizados do ponto de vista científico.

FELICIDADE BASEADA EM EVIDÊNCIAS — SUGESTÕES PARA UMA VIDA MELHOR

Ao se decidir por estudar os fundamentos científicos que sustentam uma vida mais feliz, por motivos didáticos se optou por dividir os achados de maior importância da literatura científica em domínios. Para tanto, a relação da felicidade com o dinheiro, com a religião, com os relacionamentos do dia a dia, com o trabalho e com a saúde foram as esferas escolhidas para se agrupar o que de mais acurado e moderno a ciência tem a oferecer sobre esse tema, ainda emergente dentro dos moldes do conhecimento tradicional. Como você já deve ter observado, preferimos citar as referências do texto no rodapé da página correspondente, com o intuito de facilitar a busca do artigo original, caso deseje fazê-lo, a fim de chegar a um aprofundamento ainda maior dentro desse fascinante tema.

Embora a busca por artigos científicos na área tenha sido extensa, o tema não foi de modo algum esgotado. Por motivos óbvios, muitos relatos considerados de baixa qualidade não foram colocados aqui. E, embora sejam relatadas as conclusões dos autores diante dos resultados, como em qualquer área do conhecimento, diferentes interpretações podem surgir diante dos mesmos dados. Portanto, o leitor não deve de maneira nenhuma se constranger caso discorde do que os pesquisadores concluíram diante dos resultados obtidos e das conclusões deles derivadas.

Capítulo |

DINHEIRO E FELICIDADE

Devaneios associando dinheiro e felicidade são múltiplos. Ganhar na Mega-Sena acumulada da virada. Certamente esse já foi o tema principal do sonho, pelo menos uma vez na vida, de quase todos os brasileiros. Imediatamente se imagina que todos os problemas desapareceriam como em um passe de mágica, e a felicidade absoluta afloraria intensa e duradoura. Mesmo as famílias, assim que os filhos começam a namorar, se preocupam se esse ou aquele namorado representam um "bom partido", adjetivo que mesmo inconscientemente abrange a condição financeira do pretendente.

Dinheiro e felicidade. Questão recorrente cuja resposta é, para muitos, clara e direta: mais dinheiro certamente nos faria mais felizes. Mas dinheiro realmente traz felicidade? Ou dinheiro demais atrapalha e acaba trazendo tristeza? Esse tema já foi objeto de estudo de diversos pesquisadores, principalmente dentro de uma nova ciência da qual muito se tem falado ultimamente: a psicologia da felicidade. E, dentro da proposta de uma receita científica para uma vida feliz, são exatamente questões que envolvem dinheiro e felicidade que serão abordadas neste primeiro capítulo.

No entanto, seria impossível começar sem comentar um dos paradoxos mais famosos da Ciência Cognitiva, desenvolvido por um economista americano na década de 1970.

O PARADOXO DE EASTERLIN

Em 1974, Richard Easterlin[1], economista, então professor da Universidade da Pensilvânia, Estados Unidos, publicou um

---

1 EASTERLIN, R. A. Does Economic Growth Improve the Human Lot? Some Empirical Evidence. In: DAVID, Paul A.; REDER, Melvin W. (eds.). *Nations and Households in Economic Growth: Essays in Honor of Moses Abramowitz*, Academic Press, 1974.

estudo no qual argumentava que o crescimento econômico não necessariamente trazia maior satisfação. O estudo acabou sendo reconhecido mundialmente como o **paradoxo de Easterlin.**

O autor observou que os indivíduos que viviam em países pobres se tornavam mais felizes quando passavam a ser capazes de arcar com o custo dos produtos cotidianos, ou seja, tornavam-se mais felizes até o ponto em que as necessidades básicas eram contempladas. A partir daí, proveitos suplementares pareciam unicamente redefinir os parâmetros de felicidade.

Exemplificando: comprar a SUV* que apareceu no intervalo da novela das oito não torna o indivíduo mais feliz, porque, logo que ele a adquire, um colega de escritório poderá chegar com um Aston Martin DBS idêntico ao que o ator Daniel Craig utilizou no filme *Quantum of Solace* (2008), do espião 007, muito mais caro e famoso que a sua SUV. A renda relativa, isto é, os ganhos de um indivíduo em comparação com os dos indivíduos que o cercam, apresenta muito mais valor para a felicidade do que a renda absoluta, afirmou o economista citado.

Cerca de trinta anos depois, Stevenson e Wolfers[2] (2008), também da Universidade da Pensilvânia, reestudaram as pesquisas feitas sobre felicidade em torno do mundo e traçaram uma correlação com a renda *per capita*, com o crescimento da economia e com a riqueza individual das populações.

Os pesquisadores concluíram que pessoas mais ricas são mais felizes, sim. E nações mais ricas também são mais felizes. Alegam que o enriquecimento de um país está verdadeiramente relacionado ao aumento da felicidade de seus habitantes. A dupla de pesquisadores afirma que seus dados são mais confiáveis que os usados por Easterlin no início dos anos 1970, quando os dados eram insuficientes para comparar adequadamente os países pobres com os países ricos. Era o fim de um paradoxo que sugeria um instinto quase espiritual dos humanos de acreditar que o dinheiro não traz felicidade. A polêmica foi lançada.

---

* Nome dado a um tipo de camioneta com características peculiares e semelhantes (do inglês *super urban vehicle*).

2 STEVENSON, B.; WOLFERS, J. Economic Growth and Subjective Well-Being: Reassessing the Easterlin Paradox. *Brookings Papers on Economic Activity*, p. 1-102, 2008.

Carol Graham[3], professora de Políticas Públicas da Universidade de Maryland, nos Estados Unidos, em artigo publicado em 2010 na revista de economia *Vox*, afirma que é impossível tirar alguma conclusão definitiva em relação ao paradoxo de Easterlin. Segundo a autora, pesquisas entre países não são confiáveis devido às diferenças culturais entre os indivíduos e ao modo como respondem aos questionamentos. De qualquer maneira, os dados de uma das pesquisas realizadas pela autora nos anos 1990 favorecem a existência do paradoxo: a porcentagem de indivíduos que se encontram acima da linha de neutralidade em relação à satisfação com a vida na China era quase o dobro da porcentagem de indivíduos argentinos nessa mesma posição, sendo que o produto interno bruto (PIB) do país asiático era quase seis vezes menor que o do país sul-americano, quando da realização do inquérito.

AS CONSEQUÊNCIAS PSICOLÓGICAS DO DINHEIRO: OS NOVE EXPERIMENTOS DE VOHS, MEAD E GOODE

Conforme observado, o debate acadêmico em torno dos efeitos do dinheiro no comportamento humano ainda permanece repleto de controvérsias: alguns acreditam que a recompensa monetária representa um incentivo admirável, uma vez que permite ao indivíduo adquirir bens de consumo e outros serviços que de outra maneira dificilmente conseguiria. Por outro lado, sabiamente o dinheiro resulta em efeitos deletérios no relacionamento interpessoal, facilitando a quebra de harmonia entre os indivíduos. Quem já realizou algum empréstimo e não teve o dinheiro devolvido sabe as consequências que a dívida não correspondida pode acarretar: habitualmente, perde-se o amigo. Tendo em vista esses possíveis desfechos, bastante diferentes em termos de satisfação pessoal, os pesquisadores Kathleen D. Vohs, Nicole E. Mead e Miranda R. Goode[4], da Carlson School of Management da Universidade de Minnesota, Estados Unidos, propuseram a hipótese de que eles ocorrem em virtude

---

3 GRAHAM, C. Happy peasants and miserable millionaires: happiness research, economics, and public policy. *Vox*, jan. 2010.

4 VOHS, K. D.; MEAD, N. L.; GOODE, M. R. The Psychological Consequences of Money. *Science*, v. 314, p. 1154-1156, 2006.

do mesmo processo subjacente: o dinheiro faz com que as pessoas se tornem autossuficientes e passem a se comportar de acordo com essa autossuficiência.

Na tentativa de provar a sua hipótese, os pesquisadores desenvolveram nove experimentos de laboratório envolvendo voluntários saudáveis. Os experimentos foram posteriormente publicados em forma de artigo na respeitada revista científica *Science*, os quais serão descritos a seguir. Os autores se utilizaram de uma técnica bastante aplicada em estudos de psicologia denominada *"priming"* (algo como inicialização, termo da língua portuguesa que será utilizado como alternativa), a qual consiste em expor os indivíduos a uma mensagem implícita, subliminar, para posteriormente averiguar se ela resulta em algum tipo de alteração em seu comportamento.

No experimento número 1, os indivíduos foram divididos em três grupos:

1. Um grupo neutro.

2. Um grupo cujos indivíduos sofreram o *"priming"* pelo dinheiro, ao serem solicitados, previamente ao experimento principal, a montar uma série de combinações a partir de palavras soltas, as quais resultavam em algum tema que recordava indiretamente o dinheiro (por exemplo, com as palavras *salário, alto, carteira* e *pagamento,* acabavam por formar a combinação *pagamento de alto salário*).

3. Um terceiro grupo que também sofreu o *"priming"*, mas por dinheiro de brinquedo (oriundo do jogo Banco Imobiliário), cujas notas foram mantidas na periferia de seu campo visual durante a preparação para a fase principal do experimento.

A partir do procedimento de inicialização os participantes passaram ao experimento principal, que consistia em um problema complicado de arrumar 12 discos em um quadrado de cinco discos por lado. O indivíduo que aplicou a tarefa, que aqui será chamado de monitor, deixava a sala e dizia aos participantes que estava pronto a ajudar sempre que fosse

Medicina da felicidade

necessário. O tempo para pedir auxílio foi medido dentro de cada grupo e foi considerada a variável dependente em estudo. Conforme esperado pelos pesquisadores, os grupos que foram expostos subliminarmente ao dinheiro demoraram mais do que o grupo controle para pedir ajuda, sem diferença significativa entre eles.

No experimento 2, a inicialização consistia em ler um texto que tratava de abundância de dinheiro (grupo 1) e de falta de dinheiro (grupo 2). A tarefa era seguir os lados de uma figura geométrica sem retirar o lápis do papel e sem retrair nenhum segmento. Embora os participantes não soubessem, a tarefa era impossível de ser realizada. Desta vez, quem estava pronto para ajudar era um participante que supostamente já tinha terminado a tarefa em outra sala. Novamente, os achados não surpreenderam os pesquisadores: os indivíduos que foram inicializados com o texto de abundância de dinheiro demoraram significativamente mais tempo para pedir ajuda do que os participantes do outro grupo.

O experimento 3 avaliou se pessoas inicializadas com a ideia do dinheiro estão menos prontas a ajudar, uma vez que acreditam que os demais devem se comportar da mesma maneira autossuficiente que elas. Para tanto, foram utilizados os mesmos procedimentos de *priming* do experimento 1, utilizando apenas o grupo neutro e o grupo que desembaralhou as palavras com temas monetários. O monitor se dizia acadêmico de uma faculdade que estava precisando de ajuda para preencher códigos em folhas de papel, sendo que cada folha demoraria cerca de cinco minutos para ser preenchida. Em média, os indivíduos inicializados ajudaram por aproximadamente 25 minutos, contra os 42 minutos dos indivíduos neutros.

No experimento 4, os participantes foram inicializados da mesma maneira que no experimento 1 (grupo neutro e desembaralhamento de palavras). A seguir, eles eram colocados para preencher questionários sem saber que eram irrelevantes. Na sequência, entraria na sala outro candidato (sem que os demais soubessem que se tratava de um monitor do estudo), sob a desculpa de que não havia lugar para ele em outro laboratório. O "intruso" então pediria ajuda para os participantes que já se encontravam ali para entender melhor que tarefa ele deveria cumprir. Novamente, o tempo gasto para explicar ao retardatário o que deveria ser feito pelos indivíduos não inicializados com a ideia do dinheiro foi quase o dobro do tempo disponibilizado pelos participantes inicializados.

O experimento 5 incluiu um modo diferente de *priming*. Os indivíduos jogavam uma partida de Banco Imobiliário com um dos monitores. Após o término do jogo, uma boa quantidade de dinheiro de brinquedo (cerca de 4 mil dólares) era fornecida a um dos grupos de estudo. Para um segundo grupo eram fornecidos 200 dólares, e para um terceiro grupo, nenhum dinheiro. Na sequência, um acidente simulado ocorria. Uma pessoa derrubava uma grande quantidade de lápis no chão. O número de lápis que cada grupo juntou foi quantificado e – adivinhe! – os pacientes inicializados com a grande quantidade de dinheiro juntaram menos lápis do que os demais.

O experimento 6 incluiu a doação de dinheiro de verdade. Ao chegar ao laboratório, e para garantir que todos os indivíduos tivessem moedas disponíveis, todos eles receberam 2 dólares em moedas de 25 centavos como prêmio por sua participação. Então os indivíduos foram inicializados como no experimento 1 (grupo neutro e desembaralhamento de palavras). Alguns questionários foram preenchidos para desviar a atenção e, quando saíram do laboratório, doações foram pedidas para certo fundo estudantil universitário. Os indivíduos inicializados doaram em média significativamente menos dinheiro do que os neutros.

O experimento 7 abordou a aproximação social. Os indivíduos foram divididos em três grupos distintos e colocados para aguardar enquanto assistiam à proteção de tela do computador, que mostrava três tipos de figuras: dinheiro se movendo embaixo da água, um peixe nadando e uma tela totalmente branca. Após um tempo transcorrido de seis minutos, os participantes eram solicitados a se reunirem em duplas para realizar a tarefa a ser detalhada. A distância entre as carteiras dos indivíduos inicializados com o dinheiro foi significativamente maior do que a distância entre as carteiras dos demais grupos.

Para o experimento 8, os pesquisadores utilizaram pôsteres para a inicialização: um com figuras de vários tipos

Medicina da felicidade

de dinheiro, outro com uma paisagem marítima e o terceiro com um jardim de flores. Na sequência, os participantes preenchiam um questionário indicando atividades de lazer preferidas. Havia atividades a serem realizadas em grupo (jantar para quatro pessoas, por exemplo) e atividades a serem cumpridas de maneira solitária (um curso individual de culinária, por exemplo). Os indivíduos que observaram o pôster com a imagem das diferentes moedas escolheram mais atividades solitárias do que os demais grupos. Para o experimento 9, os indivíduos foram inicializados como no experimento 7. A seguir, eram solicitados a cumprir uma tarefa que poderia ser realizada de maneira individual ou em duplas. Naturalmente, os indivíduos que viram o dinheiro no fundo do mar preferiram trabalhar sozinhos.

Esse interessante grupo de experimentos veio a confirmar a hipótese levantada pelos pesquisadores: o dinheiro tende a trazer um estado de autossuficiência. Embora permita a aquisição de bens e serviços, ele acaba diminuindo a confiança na família e nos amigos. E a autossuficiência por ele gerada conduz, em última análise, ao individualismo exagerado e à diminuição das atividades em sociedade.

O DINHEIRO AUMENTA A SATISFAÇÃO COM A VIDA. MAS A PARTIR DE QUE NÍVEL DE FATURAMENTO A RENDA PARECE PERDER A SUA IMPORTÂNCIA?

Desde o momento em que se entra na escola, e principalmente após se aprender a realizar as operações matemáticas mais elementares, começa-se a descobrir que as coisas têm custo e passa-se a atribuir valores a elas. Quem, quando criança, nunca imaginou quanto o pai ou a mãe gastam para manter a casa, sem que nada falte, sobretudo em relação à alimentação, saúde, educação dos filhos? E comparações se tornam inevitáveis. Certamente a maioria das pessoas já conviveu, seja na infância, na adolescência, na fase adulta ou na terceira idade, com pessoas mais favorecidas economicamente. E uma pergunta que sempre vem à mente nesses momentos é: será que essa pessoa é mais feliz? Será que ela vive melhor do que as pessoas que ganham menos que ela? E os menos abastados, são realmente mais infelizes? Tranquilize-se. Você não foi o único a fazer esse tipo de indagação. Até mesmo um ganhador do Prêmio Nobel já fez esse questionamento e procurou esclarecê-lo.

Para responder a essa questão de maneira adequada, inicialmente deve-se definir dois aspectos relacionados àquilo que se conhece por *bem-estar subjetivo*:

1. O *bem-estar emocional* (chamado também de *bem-estar hedônico* ou de *felicidade vivenciada*) refere-se à qualidade emocional das experiências pelas quais o indivíduo passa no seu dia a dia: a frequência e a intensidade das experiências de alegria, fascinação, ansiedade, estresse, raiva, amor que tornam a vida do indivíduo agradável ou desagradável.

2. A *avaliação da vida* refere-se aos pensamentos da pessoa sobre a sua vida.

Os pesquisadores Daniel Kahneman (que apesar de psicólogo foi o vencedor do Prêmio Nobel de Economia*, em 2002) e Angus Deaton[5], da Universidade de Princeton, em Nova Jersey, Estados Unidos, levantando o questionamento se dinheiro pode comprar felicidade, avaliaram separadamente esses dois aspectos do bem-estar subjetivo. Para tanto, os autores lançaram mão de cerca de 450 mil respostas provenientes do *Gallup-HealthwaysWell-Being Index*, uma pesquisa diária aplicada a cerca de mil residentes dos Estados Unidos pela Organização Gallup.

O *bem-estar emocional* foi avaliado por meio de questões que abordam as experiências emocionais passadas. Foram contabilizadas questões individuais para cada sentimento,

---

*De acordo com o testamento de Alfred Nobel (1833-1896), seriam cinco os prêmios oferecidos às personalidades que se destacassem de maneira notória dentro de suas áreas de saber, conhecidos como Prêmios Nobel. O Nobel de Física e o de Química são concedidos pela Academia Sueca de Ciências; o Nobel de Medicina, pelo Instituto Karolinska de Estocolmo, e o Nobel de Literatura, pela Academia de Estocolmo. O Nobel da Paz é decidido por meio de eleição realizada por um comitê de cinco membros do Parlamento Norueguês. O Nobel de Economia, oficialmente denominado Prêmio Sveriges Riksbank de Ciências Econômicas em Memória de Alfred Nobel, foi instituído em 1968 e não é concedido pela Fundação Nobel, sendo pago com dinheiro público.

5 KAHNEMAN, D.; DEATON, D. High income improves evaluation of life but not emotional well-being. *PNAS*, set. 2010.

com respostas oferecidas no formato de "sim" ou "não", como "você experimentou esse tipo de sentimento (alegria, estresse) durante grande parte do dia de ontem?". Para a *avaliação da vida* foi utilizado o *Cantril's Self-Anchoring Scale*, o qual mede a qualidade de vida (tanto passada quanto presente e em relação ao futuro) de um modo global, em uma escala de 0 a 10. Como resultado, os pesquisadores obtiveram diferentes correlações para cada aspecto do bem-estar subjetivo estudado. Educação e renda mostraram correlação positiva com a *avaliação da vida*; saúde, cuidados dispensados a outra pessoa, solidão e tabagismo mostraram uma forte relação (negativa) com o *bem-estar emocional*.

A religião mostrou forte influência no afeto positivo e na redução do estresse, mas não resultou em efeito nenhum na tristeza ou no grau de preocupação. A presença de crianças na casa foi fortemente relacionada com estresse, tristeza e preocupação. Idosos demonstraram níveis maiores de *bem-estar emocional*, possivelmente em virtude de uma exposição reduzida a situações de estresse e de raiva. O tabagismo se manteve como forte preditor de níveis de *bem-estar emocional* pobres, mesmo após o controle adequado para variáveis como renda e educação.

Quando um gráfico foi elaborado, colocando o logaritmo (uma manobra utilizada pelos estatísticos para transformar uma amostra de distribuição não paramétrica em paramétrica ou normal) da renda confrontado com a *avaliação da vida*, houve correlação direta entre as variáveis. Surpreendente foi o achado de que o logaritmo da renda se correlaciona também com o *bem-estar emocional*, mas apenas até certo ponto: a partir de uma renda de 75 mil dólares ao ano (o equivalente hoje a cerca de 11 mil reais ao mês), o *bem-estar emocional* passa a não aumentar mais, formando um platô. Os autores especulam que a partir dessa determinada renda os benefícios trazidos pelo dinheiro começam a contar simultaneamente com alguns efeitos indesejáveis: os indivíduos passam a dispor de menos tempo para se dedicar aos pequenos prazeres e às atividades que sabidamente elevam os níveis de *bem-estar emocional*, como passar o tempo com as pessoas de quem realmente gostam e se dedicar a atividades de lazer.

Os autores concluíram que a renda pode até se correlacionar positivamente com a *satisfação com a vida*, mas não com a felicidade; por outro lado, a baixa renda se correlaciona tanto com níveis menores de satisfação com a vida, quanto com graus de *bem-estar emocional* insatisfatórios.

Em resumo, pelas evidências obtidas por Kahneman e Deaton nesse estudo publicado em 2010 em *Proceedings of the National Academy of Sciences*, o porta-voz da Academia Norte-Americana de Ciências, dinheiro demais não é garantia de felicidade.

GASTAR DINHEIRO CONSIGO MESMO OU COM OS OUTROS: O QUE FAZ O INDIVÍDUO MAIS FELIZ?

O dinheiro traz felicidade? Conforme discutido vastamente na literatura, a renda financeira tem efeitos fracos sobre a felicidade em proporções nacionais, principalmente após algumas necessidades básicas terem sido atingidas.

Em março de 2008, as pesquisadoras Elizabeth W. Dunn e Lara B. Aknin[6], do Departamento de Psicologia da Universidade da Colúmbia Britânica (Vancouver, Canadá), em conjunto com o pesquisador Michael I. Norton, da Universidade de Harvard, em Massachusetts (Boston, Estados Unidos), publicaram no respeitado periódico científico *Science* uma série de pesquisas abordando os efeitos do dinheiro na felicidade individual. O grande diferencial desse curioso grupo de experimentos foi o fato de confrontar o efeito do uso do dinheiro para interesses próprios com o uso denominado pró-social – o qual inclui presentes para terceiros e doações para caridade – nos níveis de felicidade dos indivíduos incluídos.

No primeiro experimento da série, os pesquisadores selecionaram uma amostra de 632 norte-americanos (55% do sexo feminino), os quais foram solicitados a reportar o seu nível de felicidade, a sua renda financeira anual e uma adequação estimada de como se desenvolvem os seus gastos financeiros em um mês típico, dentro de quatro categorias: (i) contas e outras despesas, (ii) presentes para si mesmo, (iii)

6 DUNN, E. W.; AKNIN, L. B.; NORTON, M. I. Spending Money on Others Promotes Happiness. *Science*, v. 319, p. 1687-1688, 2008.

Medicina da felicidade

presentes para outras pessoas e (iv) doações para caridade. As primeiras duas categorias geraram o que foi classificado como índice de gastos pessoais (com média de 1.713,19 dólares) e as duas últimas categorias foram agrupadas em um índice de gastos pró-sociais (com média de 145,96 dólares). Quando ambos os indicadores foram introduzidos em um modelo de regressão logística, os pesquisadores observaram que não houve correlação dos gastos pessoais com a felicidade. Por outro lado, os gastos pró-sociais foram significativamente relacionados a maiores níveis de felicidade. A partir daí, os autores do estudo tomaram uma iniciativa bastante interessante: incluíram a renda financeira pessoal dos indivíduos também como variável independente no modelo de regressão logística. Com essa pequena mudança, tanto a renda financeira pessoal quanto os gastos pró-sociais permaneceram de modo semelhante relacionados à felicidade no modelo proposto. E os gastos pessoais continuaram a não demonstrar correlação com o nível de felicidade dos indivíduos testados. O estudo resultou em evidência de que tanto a renda pessoal do indivíduo quanto a maneira como ele utiliza o dinheiro parecem ter relação com o nível de felicidade. E, entre as maneiras de dispor dos seus benefícios econômicos, o direcionamento do dinheiro em prol dos demais parece ser mais importante no sentido de tornar a pessoa feliz do que consumir o dinheiro em benefício próprio.

Em um segundo experimento, os pesquisadores estudaram os efeitos dos gastos provenientes de um lucro inesperado. Dezesseis colaboradores de uma empresa foram avaliados após receberem um bônus anual médio de 4.918,64 dólares. Antes de entrar na pesquisa, os participantes relataram o seu nível de felicidade e a sua renda financeira anual. Decorrido um tempo de seis a oito semanas, os indivíduos pesquisados relataram a maneira com que dispuseram daquele bônus, classificando seu fim em seis maneiras distintas: (i) contas e outras despesas, (ii) aluguel ou financiamento, (iii) compras para si mesmo, (iv) compras para terceiros, (v) doação para caridade e (vi) outras maneiras. As três categorias iniciais geraram um índice de gastos pessoais e a quarta e a quinta categorias foram agrupadas em um índice de gastos pró-sociais.

Os achados iniciais foram semelhantes aos do estudo anterior: o índice de gastos pró-sociais foi o único preditor de felicidade quando ambos os índices foram aplicados no modelo de regressão logística. E o índice permaneceu com esse status de maneira independente do valor econômico do bônus e mesmo após a renda financeira anual ter sido também incluída no modelo. Como achado final, os pesquisadores apontaram que a maneira com que os indivíduos aplicaram o bônus (no âmbito pessoal ou pró-social) teve um maior efeito na felicidade do que o próprio valor financeiro da bolada recebida.

Em um terceiro experimento, os autores convidaram 46 indivíduos a participar de um estudo que consistia em: (i) classificar o seu nível de felicidade pela manhã, (ii) receber a quantia de 5 dólares ou 20 dólares para gastar em cinco modalidades de consumo durante o dia (pagar uma conta, pagar uma despesa, comprar um presente para si mesmo, comprar um presente para um terceiro ou doar para caridade) e (iii) classificar novamente o seu nível de felicidade às 17 horas. Os pesquisadores avaliaram separadamente os efeitos dos gastos pessoais ou pró-sociais, confrontados com o valor da doação inesperada (5 dólares *versus* 20 dólares), e concluíram que, independentemente do valor, o nível de felicidade se elevou de maneira significativa no grupo que utilizou a remuneração inesperada de maneira pró-social.

Apesar dos evidentes benefícios do uso do dinheiro com fins sociais observados aqui, os pesquisadores observaram que, com relação às médias dos 632 indivíduos avaliados no primeiro experimento, o gasto voltado para assuntos particulares chega a atingir cifras cerca de dez vezes maiores do que as destinadas ao gasto pró-social. Tal fato talvez se deva ao simples desconhecimento de que pequenos gestos podem resultar em grandes benefícios no que diz respeito à satisfação pessoal, hipótese corroborada por uma quinta análise realizada pelo time de pesquisadores: 109 indivíduos foram indagados quanto às atitudes que resultariam em benefício no seu nível de felicidade e se mostraram duplamente equivocados: a maioria (n = 69) apontou que o gasto com si próprio teria um impacto mais elevado em seus níveis de felicidade. E a maioria absoluta (n = 94) acreditava que a doação de 20 dólares faria o indivíduo mais feliz do que a doação de apenas 5 dólares.

Tais observações nos levam a acreditar que a generosidade eleva significativamente os níveis de felicidade, e de maneira independente da quantidade doada e da renda financeira do indivíduo que realiza a doação.

Em última análise, a generosidade nada mais é do que o lado bom do egoísmo, mas sem nunca deixar de fazer parte dele.

A constatação de que muito dinheiro não traz felicidade pode também ser corroborada pela assustadora taxa de suicídios observada entre os milionários e bilionários chineses. Embora a China possua atualmente uma das economias que mais rapidamente cresce no mundo todo, esse fato já tem resultado em um efeito colateral importante. De acordo com reportagem publicada no jornal *The Economic Times* em sua edição de 27 de novembro de 2011, o suicídio, seja por enforcamento, por drogas ou ao saltar de um edifício alto, foi a causa principal de morte de quase um quarto dos chineses considerados muito ricos, entre 2008 e 2010. A média de idade dos indivíduos que cometem suicídio no país asiático gira em torno de 50 anos. Para os pesquisadores que se dedicam ao assunto, a explicação encontrada para tantas pessoas ricas estarem tirando a sua própria vida é simples: o estresse exagerado e a pressão decorrente dos negócios, associados a uma redução importante nos momentos de lazer. Segundo afirmam alguns dos muito abastados, o dinheiro é o pior de todos os vícios. O impacto dessa endemia de suicídios é tanto que ser bilionário na China já é considerado profissão de risco.

Capítulo ‖ ····

RELIGIÃO E FELICIDADE

O FATO DE FREQUENTAR A IGREJA AUMENTA A SATISFAÇÃO COM A VIDA?

Esse é um questionamento que todos estão acostumados a ouvir desde a primeira infância. Quem de nós não se lembra dos conselhos das avós ou das mães compelindo os filhos e netos a frequentar a igreja pelo menos aos domingos? Essa é uma época em que os indivíduos não levantam muitas dúvidas relacionadas às verdadeiras consequências ao bem-estar decorrentes do fato de frequentar ou não a igreja. Mas esse assunto tem sido pauta de interesse de diversos pesquisadores mundo afora.

Os estudos de literatura divergem se as pessoas religiosas, particularmente aquelas que frequentam assiduamente a igreja, experimentam realmente um bem-estar subjetivo maior do que os demais indivíduos. A explicação mais comumente oferecida é de que a religião oferece ao indivíduo, além de apoio, também uma oportunidade para ampliar a sua rede social. Sociólogos clássicos, como Durkheim e Simmel, já consideravam dimensão social como a essência e substância da religião.

Com essas ideias em mente, os pesquisadores Chaeyoon Lim, da Universidade de Wisconsin, Estados Unidos, e Robert D. Putnam[1], das Universidades de Harvard (MA) e de Manchester (NH), Estados Unidos, desenvolveram um estudo para melhor avaliar quais os aspectos relacionados à religião que realmente exercem alguma influência na qualidade de vida dos indivíduos. O fato de a satisfação com a vida ter sido avaliada por intermédio de uma escala ordinal que variava de 0 a 10 (pior possível para o melhor possível) permitiu que o

---

1 LIM C.; PUTNAM, R. D. Religion, Social Networks, and Life Satisfaction. *American Sociological Review*, v. 75, n. 6, p. 914-933, 2010.

modelo estatístico de regressão logística fosse o escolhido para as análises pertinentes.

Além das variáveis normalmente incluídas nesse tipo de análise, como sexo, idade, estado civil e condições socioeconômicas, diversas variáveis relacionadas a religião foram inseridas no modelo, entre elas a realização de preces, a leitura das Escrituras, conversas sobre religião em casa, a presença da religião na tomada de decisões, a fé em sua religião, a crença em Deus, na vida após a morte e no Paraíso, a sensação da presença de Deus, do amor divino e do julgamento de Deus em sua vida e a crença da reencarnação, além do número de amigos na congregação e a frequência de comparecimento à igreja.

Entre as análises realizadas pelos pesquisadores estava a relação do credo religioso com a qualidade de vida. Quase todos os credos testados (católico, protestante tradicional, protestante evangélico, protestante negro, mórmon, judeu e outros cultos cristãos) mostraram-se positivamente correlacionados com a qualidade de vida. Apenas as "outras tradições não cristãs" não se mostraram superiores à "não religião" na qualidade de vida dos indivíduos testados.

A frequência com que os indivíduos comparecem às cerimônias religiosas foi a única que se mostrou fortemente correlacionada com a sua qualidade de vida. E o achado mais surpreendente do estudo foi que essa correlação permanece intensa mesmo quando se avaliam separadamente indivíduos com e sem filiação religiosa (aqueles que frequentam a igreja sem apresentar crença). Ainda, em termos de satisfação com a vida, a afiliação (batista, católica, mórmon ou outra) também pouco importou, novamente sendo mais importante a frequência de comparecimento às atividades religiosas.

Outros achados dignos de nota do estudo, e não menos interessantes:

1. Aproximadamente 28% dos indivíduos que frequentam a igreja pelo menos uma vez na semana se consideram extremamente satisfeitos com a sua vida, em relação a cerca de 19% dos que nunca frequentam. Esse acréscimo na qualidade de vida é semelhante ao observado entre aqueles indivíduos que se consideram com "boa saúde" em relação àqueles cuja

saúde é considerada "muito boa" ou ao acréscimo de qualidade de vida observado entre os participantes com rendas anuais de 10 mil e de 100 mil dólares.

2. Indivíduos com dez ou mais amigos dentro da congregação apresentaram uma chance cerca de duas vezes maior de estarem extremamente satisfeitos com a vida.

3. O nível de satisfação dos indivíduos que frequentam a congregação e não têm nenhum amigo foi inferior ao daqueles que não frequentam ou que não têm religião.

Os autores concluíram que o fato de frequentar a igreja apresenta potente correlação com a satisfação dos indivíduos com a sua vida e que a ampla rede social por eles arquitetada ao longo do tempo provavelmente é o fator mais importante na construção dessa elevada satisfação. Os autores finalizam apontando que, embora outras organizações que agregam pessoas em outros contextos que não o religioso pudessem conduzir, em última análise, a resultados muito semelhantes a esses em termos de melhorias na qualidade de vida, eles desacreditam que qualquer instituição além da igreja seria capaz de manter de forma tão eficaz a união entre os indivíduos, seja pela força de seus ritos ou pela intensa identificação ideológica dos seus membros.

Ou seja, as avós, com seus conselhos, estão cheias de razão novamente: frequentar a igreja, acreditando ou não, eleva o nível de satisfação com a vida.

A RELIGIOSIDADE APRESENTA CORRELAÇÃO COM A FELICIDADE?

Sahraian e colaboradores[2], do Centro de Pesquisa em Psiquiatria e Ciências comportamentais da Universidade de Ciências Médicas de Shiraz, no Irã, publicaram em 2011, no *Journal of Religion and Health,* um estudo bastante interessante abordando a questão religiosidade e felicidade.

2 SAHRAIAN, A.; GHOLAMI, A.; JAVADPOUR, A.; OMIDVAR, B. Association Between Religiosity and Happiness Among a Group of Muslim Undergraduate Students. *Journal of Religion and Health,* abril 2011.

Os autores avaliaram 271 acadêmicos de Medicina (164 homens e 107 mulheres) muçulmanos, os quais foram submetidos ao *Oxford Happiness Inventory* (OHI, Inventário Oxford de Felicidade), o qual consiste em 21 questões de múltipla escolha para checar os níveis de felicidade do indivíduo. Além do OHI, os indivíduos pesquisados responderam ao *Religious Attitude Questionnaire* (Questionário de Atitude Religiosa), o qual é composto de 40 questões respondidas em escala Likert (afirmações em relação às quais os indivíduos tinham que optar por uma de cinco alternativas possíveis: muito de acordo, pouco de acordo, de acordo, em desacordo, em total desacordo). O coeficiente de correlação (r) foi positivo (0,256) para um *p* significativo (0,01). Não houve correlação dos níveis de felicidade com o gênero, tampouco com o estado civil dos indivíduos.

Os resultados obtidos com os estudantes muçulmanos corroboraram os achados de Francis e colaboradores[3], que, em estudo realizado no País de Gales com 89 acadêmicos católicos em 2003, encontraram também uma correlação positiva entre os níveis de felicidade e o grau de religiosidade, medidos por meio dos escores *Oxford Happiness Inventory* e a *Francis Scale of Attitude Toward Christianity*. O coeficiente *r* de 0,38 obtido foi estatisticamente significativo.

Em consonância com o estudo apresentado anteriormente, tais resultados, obtidos em relação a duas das maiores religiões diferentes em termos de números de fiéis, corroboram a afirmação de que a religião é saudável para o bem-estar subjetivo do indivíduo.

QUEM VALORIZA A RELIGIÃO É MAIS SATISFEITO COM A VIDA?

Bruce Headey[4], pesquisador da Universidade de Melbourne já citado nesta obra, estudou, juntamente com

---

3 FRANCIS, R. J.; ROBBINS, M.; WHITE, A. Correlation between religion and happiness: a replication. *Psychological Reports*, v. 1, p. 51-52, 2003.

4 BRUCE, Headey B.; SCHUPP, J.; TUCCI, I.; WAGNER, G. G. Authentic happiness theory supported by impact of religion on life satisfaction: A longitudinal analysis with data for Germany. *Journal of Positive Psychology*, v. 5, p. 73-82, 2010.

Medicina da felicidade

colaboradores, a correlação da importância que os indivíduos atribuem à religião com a sua satisfação com a vida.

Durante os anos de 1994, 1998 e 1999, aproximadamente 12 mil pessoas foram questionadas a respeito da importância da religião em suas vidas, em uma escala de quatro pontos que variava de "nenhuma importância" até "muito importante". O nível de satisfação com a vida foi medido em uma escala de 0 a 10 ("nada satisfeito" até "totalmente satisfeito"). O resultado da correlação foi impressionante. O r obtido foi de 0,65 e se mostrou estatisticamente significativo, ou seja, houve correlação forte da importância atribuída à religião com a satisfação com a vida.

Novamente, o problema da causalidade se impõe. O fato de existir forte correlação não implica diretamente causa-efeito. De qualquer forma, é um indício forte de que ser religioso aumenta a satisfação com o viver. Para aqueles insatisfeitos, resta uma alternativa semelhante à *Aposta de Pascal.*

A Aposta de Pascal foi criada por Blaise Pascal (1623-1662), físico, matemático, filósofo e teólogo francês. Essa ideia é amplamente debatida no livro *Pensées,* e não se constitui em uma defesa direta da existência de Deus, mas sim em algo como um argumento, talvez até previdente, a favor do desenvolvimento de um comportamento humano em consonância com a existência de Deus.

Esse argumento prega, em linhas gerais, o seguinte:

Se você crê em Deus e nas Escrituras e estiver correto, será beneficiado com o Paraíso.

Caso você acredite em Deus e nas Escrituras e esteja enganado, não perderá nada.

Se você não crê em Deus nem nas Escrituras e estiver correto, da mesma forma, não perderá nada.

Agora, se você não acredita em Deus nem nas Escrituras e estiver errado, arderá no fogo eterno.

Os mesmos princípios podem ser aplicados a qualquer religião, trocando-se Deus e as Escrituras pelos desígnios religiosos correspondentes de outros credos.

Por meio desse raciocínio, a única alternativa que permite ganhar algo positivo é acreditar em Deus. E, além disso, pelos dados expostos neste capítulo, você provavelmente também será mais feliz.

A RELIGIOSIDADE TEM RELAÇÃO COM A SAÚDE MENTAL?

Um dos únicos estudos brasileiros relatados nesta obra realmente fez por merecer. Trata-se de uma ampla revisão de cerca de 850 estudos que abordam o binômio saúde mental/religião realizada por Moreira-Almeida e colaboradores[5], do Departamento de Psiquiatria da Universidade de São Paulo (USP).

O estudo, publicado em 2006 na *Revista Brasileira de Psiquiatria*, mostrou que níveis elevados de religiosidade estão associados a aspectos positivos do bem-estar subjetivo, como a satisfação com a vida, a felicidade e uma moral mais apurada. Ainda, a religiosidade se apresentou negativamente correlacionada à depressão, ao abuso de drogas e de álcool e à ideação suicida.

O benefício da religiosidade na saúde mental foi mais intenso em grupos vulneráveis, como idosos, portadores de necessidades especiais e doentes.

Trata-se de uma extensa revisão que corrobora o benefício da religião em um dos aspectos mais importantes da felicidade, que é a saúde mental.

---

5 MOREIRA-ALMEIDA A.; NETO, F. L.; KOENIG, H. G. Religiousness and mental health: a review. *Revista Brasileira de Psiquiatria*, v. 28, n. 3, p. 242-250, 2006.

Capítulo III ••••

TRABALHO E FELICIDADE

A SATISFAÇÃO COM O EMPREGO É CAUSA OU CONSEQUÊNCIA DO BEM-ESTAR SUBJETIVO?

Uma discussão interminável parece ser a da satisfação com o emprego. É natural pensar "o diretor geral de uma multinacional certamente é feliz", "o ideal é não ter chefe" ou "como você espera ser feliz com um emprego desses?". Quando se começa a frequentar os cursinhos pré-vestibulares, a situação se agrava ainda mais. Abundam os conselhos de amigos e familiares de que é preciso dedicar-se àquilo que se gosta de fazer, sugestão que, embora bem-intencionada, parece um tanto paradoxal. Afinal, se nunca se frequentou nenhum curso superior, como saber de antemão o que se gostaria de fazer?

Foi pensando exatamente nesse assunto que pesquisadores da Wright State University, em Ohio, nos Estados Unidos, desenvolveram uma meta-análise abordando a satisfação com o emprego e o bem-estar subjetivo, a qual foi publicada em 2010 no *Journal of Occupational and Organizational Psychology*. Nathan A. Bowling, Kevin J. Eschleman e Qiang Wang[1], do departamento de Psicologia da citada instituição, encontraram uma correlação positiva entre a satisfação com o emprego e a felicidade, a presença de afetos positivos e a ausência de afetos negativos. Em relação à questão causa-efeito, os autores foram categóricos: o bem-estar subjetivo é forte preditor de satisfação com o emprego, e não o contrário. Ou seja, é preciso estar bem para gostar do que faz. Não é a ocupação laboral que fará a pessoa feliz. Tais

1 BOWLING, N. A.; ESCHLEMAN, K. J.; WANG, Q. A meta-analytic examination of the relationship between job satisfaction and subjective well-being. *Journal of Occupational and Organizational Psychology*, v. 83, p. 915-934, 2010.

achados explicam em parte por que pessoas que ocupam aparentemente subempregos, aqueles que a maioria das pessoas nem sonha em executar, muitas vezes se sentem tão bem realizando aquela atividade para a qual muitos torcem o nariz.

Portanto, de acordo com Bowling, Eschleman e Wang, uma pequena correção no repetitivo conselho de parentes e amigos deve ser feita: se você estiver bem emocionalmente, pouco importa o seu emprego – você sempre estará satisfeito com ele.

QUAIS OS EMPREGOS QUE MAIS TRAZEM FELICIDADE?

O especialista em liderança Steve Denning[2], autor do livro *The Leader's Guide to Radical Management* (Editora Jossey-Bass, 2010), em artigo publicado na revista norte-americana *Forbes* em setembro de 2011, divulgou uma lista dos dez empregos mais felizes nos Estados Unidos, de acordo com a *General Social Survey* realizada pela Organização Nacional para Pesquisa da Universidade de Chicago. Ao contrário do senso comum, vários dos empregos listados como mais relacionados à felicidade não estão pautados em faturamentos milionários ou mesmo em status excessivo. São eles:

• Religiosos: ser membro do clero, profissão pouco lembrada e surpreendentemente a mais feliz.

• Bombeiros: 80% deles se mostram "muito satisfeitos" com a sempre presente expectativa de apagar incêndios e salvar vidas.

• Fisioterapeutas: felicidade decorrente principalmente da interação social e do fato de ajudar as pessoas a recuperarem a sua função.

• Escritores: embora para a maioria deles o ganho financeiro seja bastante flutuante, a autonomia em escrever o que vem à mente aparentemente leva à felicidade.

• Professores de educação especial: embora com salários baixos, uma profissão que traz felicidade.

• Professores: profissão que continua a atrair muitos idealistas, apesar de a maioria dos docentes deixar a profissão após meros cinco anos de ofício.

2 DENNING, S. The Ten Happiest Jobs. *Forbes*, 12 set. 2011.

Medicina da felicidade

- Artistas: felizes, embora com sérias dificuldades para viver do seu trabalho.
- Psicólogos: podem nem sempre ajudar a resolver os problemas dos outros, mas parecem ter resolvido o seu próprio.
- Agentes de vendas de serviços financeiros: ganhos elevados e trabalho dentro de escritórios.
- Operadores de máquinas de engenharia: manipular máquinas enormes parece aumentar a felicidade.

O significado do trabalho. Essa foi a explicação encontrada pelo autor para explicar o porquê de empregos de ganho financeiro relativamente inferior a outros serem capazes de tornar as pessoas mais felizes. Ou seja, empregos que trazem consigo algum significado valem a pena, independentemente de gerarem ou não fama e/ou fortuna àqueles que os exercem. Michele Gielan, jornalista e ex-âncora do jornal norte-americano *CBS News*, coloca cinco maneiras pelas quais a busca pelo significado do seu trabalho pode ser ampliada: (i) faça uma lista de todas as maneiras pelas quais você influencia positivamente as pessoas; (ii) procure desenvolver projetos de caridade envolvendo a sua empresa e você. É uma situação em que todos sairão ganhando; (iii) tome como sua missão fazer com que os demais funcionários da empresa também tenham sucesso; (iv) examine cuidadosamente os fatos pelos quais você está tendo sucesso e (v) aprofunde os seus relacionamentos com os seus colegas de trabalho.

Para aqueles que não prestaram vestibular ainda, ou estão em dúvida se devem ou não tomar parte desse concurso por vezes ingrato, fica algo a ser considerado no momento dessa opção. Observe-se apenas que a lista dos empregos felizes não coincide com a dos mais bem remunerados. Mas isso é outra questão, já discutida previamente aqui.

A SEGUNDA-FEIRA É REALMENTE O DIA MAIS TRISTE DA SEMANA?

O mundo moderno conta com uma enorme diversidade de gostos e opiniões. Estes variam dos mais comuns, como gostar ou não de viajar, de ler, de estudar, até aqueles bastante bizarros e até mesmo considerados doenças, como encontrar prazer em infligir dor a si mesmo (masoquismo) ou aos outros (sadismo).

No entanto, mesmo dentro desse amplo espectro de opiniões bastante distintas, uma delas é quase unânime para a maioria das pessoas: não gostar da segunda-feira, sendo que alguns chegam até a odiar o famoso primeiro dia da semana de trabalho. Mas a segunda-feira é realmente triste como as pessoas afirmam?

Foi na tentativa de responder a essa questão que os pesquisadores australianos Charles Areni e Mitchell Burger[3] desenvolveram um simples – embora muito bem desenhado – estudo.

Duzentos e dois indivíduos participaram da pesquisa e elegeram a segunda-feira como tendo a pior manhã (voto de 65% dos entrevistados) e a pior noite (35%). As noites de sexta-feira e de sábado foram consideradas as melhores pelos participantes do estudo (por 43% e 45% dos respondentes, respectivamente). Um segundo questionário com perguntas semelhantes foi aplicado às mesmas pessoas, para testar a credibilidade das respostas. Aqui já se observa o primeiro achado interessante: a coincidência entre a primeira resposta e a segunda foi significativamente válida apenas para a "pior manhã" e para a "pior noite". Em relação às melhores, as respostas variaram bastante no segundo questionário.

Em uma segunda abordagem, os pesquisadores pediram a 351 indivíduos que anotassem em um papel como achariam que seu humor estaria ao longo dos próximos dias da semana. Naturalmente, a expectativa de bom humor foi muito maior para a sexta-feira e para o sábado – e atingiu o seu ponto mais baixo na segunda-feira. Então, os participantes foram entrevistados ao longo da semana, dia após dia, com o intuito de se checar como o seu humor realmente estava ao longo dos dias da semana. Aí apareceu o segundo achado interessante, e talvez o maior do estudo: quase não houve flutuação de humor durante a semana. O humor na segunda-feira, inclusive, foi muito parecido com o da quarta-feira. E aquele realmente observado na sexta-feira e no sábado ficou muito abaixo do que era esperado pelos participantes.

3 ARENI, C.; BURGER, M. Memories of "Bad" Days Are More Biased Than Memories of "Good" Days: Past Saturdays Vary, but Past Mondays Are Always Blue. *Journal of Applied Social Psychology*, v. 38, n. 6, p. 1395-1415, 2008.

Os autores explicam que a "síndrome da segunda-feira" ocorre por um erro cognitivo conhecido por *viés de disponibilidade*. Ou seja, o ser humano tem a tendência natural de se lembrar das coisas seletivamente. As segundas-feiras tristes são mais lembradas do que as alegres. E os finais de semana alegres, nos quais geralmente ocorrem as reuniões de família e os amigos saem para fazer festa, são mais lembrados do que os tristes. A confirmação desse viés é fácil: alguém se lembra de alguma segunda-feira feliz? Certamente, não. Mas, na prática, a segunda-feira não é mais triste ou mais alegre do que qualquer outro dia da semana. Temê-la ou antecipar situações tristes relacionadas a esse dia apenas contribui para um aumento da ansiedade e para a redução na felicidade. Portanto, são atitudes que devem ser evitadas.

A FELICIDADE PODE LEVAR AO SUCESSO?

De acordo com grandes teóricos da Ciência da Felicidade, como é o caso da professora Sonja Lyubomirsky[4], da Universidade da Califórnia em Riverside, a literatura científica está repleta de estudos que sugerem que indivíduos felizes contam com maior probabilidade de ter sucesso em suas carreiras. Essa afirmação vem principalmente de estudos experimentais, em que, após serem induzidos a desenvolver estados de humor positivos ou negativos, as atitudes e os comportamentos dos indivíduos são avaliados pelos pesquisadores.

Em um famoso estudo publicado no periódico *Psychological Bulletin*, em companhia de seus colaboradores, a autora enumera os principais motivos que levam os indivíduos felizes ao sucesso na vida, os quais são relatados a seguir:

1. Comunicabilidade: a conversa com os outros abre e amplia as oportunidades.

2. Interesse em atividades de lazer: festas, por exemplo, podem abrir caminhos jamais imaginados antes.

3. Tais indivíduos aproveitam mais as atividades sociais e de lazer.

4 LYUBOMIRSKY, S.; KING, L,; DIENER, E. (2005) The benefits of frequent positive affect: Does happiness lead to success? *Psychological Bulletin*, n. 131, p. 803-855, 2005.

4. Capacidade de resolver conflitos efetivamente: o humor parece ajudar na capacidade de raciocinar.
5. Generosidade.
6. O fato de se sentir bem, elevando a autoestima.
7. Criatividade: o bom humor mantém a mente aberta para novas criações e realizações.
8. Capacidade de realizar tarefas complexas com maior rapidez do que os demais.
9. Atribuição do sucesso às suas próprias habilidades, decorrente da elevada autoestima.

Apesar de os dados serem procedentes de estudos experimentais, não deixam de servir como uma orientação inicial rumo ao sucesso. Embora algumas das orientações não sejam tão fáceis de seguir, algumas delas são acessíveis a todos.

ENTRE OS EVENTOS CONSIDERADOS MAIS IMPORTANTES DA VIDA, COMPRAR UMA CASA E UM CARRO SÃO OS QUE MAIS AUMENTAM O BEM-ESTAR SUBJETIVO?

Os considerados *grandes eventos da vida*, para fins de estudo, são em número de 80, agrupados em sete categorias distintas (seguem alguns exemplos dentro de cada grupo):

1. Eventos relacionados à saúde: o desenvolvimento de uma doença grave.
2. Educação: o início de uma nova faculdade.
3. Lazer: a realização de uma grande viagem.
4. Emprego: a conquista de uma nova posição no mercado de trabalho.
5. Nascimentos e mortes: de amigos ou familiares.
6. Relacionamentos: início e término de namoro/casamento.
7. Financeiro: falência, compra de casa e/ou carro.

Em um estudo longitudinal realizado na Inglaterra, os pesquisadores Dimitris Ballas e Danny Dorling[5], do

5 BALLAS, D.; DORLING, D. Measuring the impact of major life events upon happiness. *International Journal of Epidemiology*, v. 36, p. 1244-1252, 2007.

Departamento de Geografia da Universidade de Sheffield, avaliaram os dados relativos à mudança do bem-estar subjetivo de cerca de 10 mil pessoas acompanhadas ao longo de seis anos (entre 1991 e 1997) quando diante dos considerados grandes eventos da vida. Entre os achados, os autores observaram alguns bastante curiosos: o término de um relacionamento, por exemplo, apresenta uma correlação negativa com o bem-estar subjetivo maior do que o falecimento de um dos pais. E o fato de comprar uma casa resultou em maior ganho de bem-estar do que o nascimento de um filho. Mas a maior correlação positiva evento/bem-estar curiosamente foi observada com o *início de um novo relacionamento*. Entre os 17 grandes eventos entendidos como positivos testados, a aquisição de um carro ficou com um modesto 13º lugar em impacto para o bem-estar subjetivo.

Digno de nota: todos os coeficientes relacionados aos grandes eventos da vida apresentaram valores muito baixos, variando de -0,1 a +0,1, corroborando a ideia de que o bem-estar subjetivo depende mais dos pequenos eventos, geralmente corriqueiros e presentes no dia a dia, do que dos grandes eventos, considerados intuitivamente mais importantes e por vezes até fundamentais para a felicidade.

Capítulo IV ••••

RELACIONAMENTOS E FELICIDADE

CASAR TORNA A PESSOA MAIS FELIZ?

Este é outro conselho recorrente em reuniões e festas familiares quando ainda há algum solteiro presente: você precisa se casar, certamente será mais feliz assim. Foi tentando explicar cientificamente esse conselho que os pesquisadores Jamilla Bookwala, da Universidade Lafayette, e Erin Fekete[1], da Universidade de Miami, nos Estados Unidos, analisaram cuidadosamente os dados da *National Survey of Midlife Development*, um projeto que visa determinar como está o bem-estar dos cidadãos americanos de meia-idade desenvolvido pela Universidade de Chicago, nos Estados Unidos.

Os autores incluíram em sua amostra cerca de 1.400 indivíduos heterossexuais casados e 1.000 indivíduos nunca casados, com idades variando entre 40 e 74 anos. Entre as principais conclusões do estudo está o fato de que os solteiros parecem contar com a mesma resiliência dos casados. Em relação à autossuficiência, capacidade de ação e domínio pessoal, características relacionadas ao bem-estar subjetivo e à ausência de depressão, os resultados entre os dois grupos também se mostraram bastante semelhantes.

Os resultados obtidos pelos pesquisadores entraram em contradição com alguns estudos publicados previamente. Como explicação, os autores colocaram que, em pesquisas prévias, casais divorciados foram incluídos na amostra dos solteiros, o que representa falha metodológica, uma vez que

---

1 BOOKWALA, J.; FEKETE, E. The role of psychological resources in the affective well-being of never-married adults. *Journal of Social and Personal Relationships*, v. 26, n. 4, p. 411-428, 2009.

os divorciados parecem ter um comportamento diferente dos nunca casados. Indivíduos divorciados parecem ter menores níveis de bem-estar subjetivo do que seus pares casados. E mais: de acordo com outro estudo recente que avaliou cerca de 9.400 indivíduos de meia-idade, publicado por Zhang (Bowling Green State University) e Hayward[2] (Universidade do Texas) em 2006, mulheres divorciadas, mesmo quando casadas novamente, apresentam uma chance 60% maior de desenvolver doenças cardiovasculares quando comparadas aos seus pares ainda casados. Curiosamente, tal achado não foi observado em relação aos homens nessa mesma condição, pelo fato de parecerem sofrer menos com o impacto dos estresses emocional e socioeconômico.

Como conclusão, os autores colocam que os indivíduos solteiros parecem apresentar vidas amorosas satisfatórias, e apenas não acreditam no casamento. Quando desenvolvem o adequado controle sobre as suas vidas e se tornam autoconfiantes o suficiente, demonstram elevados níveis de felicidade. Os pesquisadores afirmam ainda que os solteiros finalmente estão sendo compreendidos quanto à premissa de que é possível viver uma vida completa e satisfatória sem nunca ter assumido o compromisso do casamento.

Portanto, solteiros, saibam que não estão sozinhos: já há um estudo científico sério que defende o seu ponto de vista. E atenção, mulheres casadas: de acordo com Zhang e Hayward, não parece ser um bom negócio para a saúde se divorciar.

Quais os dez fatores mais comumente associados à separação dos casais?

Divorciar-se atualmente no Brasil é um procedimento simples e rápido. O término da exigência de prazos para dissolução dos casamentos fez com que o índice de divórcios alcançasse, em 2010, o seu maior nível desde 1984, ano em que se iniciou esse tipo de controle, realizado pelas Estatísticas do Registro Civil. De acordo com o IBGE (Instituto Brasileiro de Geografia e Estatística), a taxa de divórcios no país chegou

2 ZHANG, Z.; HAYWARD, M. Gender, the Marital Life Course, and Cardiovascular Disease in Late Midlife. *Journal of Marriage and Family*, v. 68, p. 639-657, 2006.

Medicina da felicidade

à marca de 1,8 por mil habitantes, em 2010, o que equivale a cerca de 300 mil separações por ano.

Conforme discutido no item anterior, indivíduos separados parecem apresentar índices de felicidade menores do que os casados e do que os que nunca contraíram matrimônio. Ou seja, embora cerca de 70% dos casais atuais não se considerem satisfeitos com o casamento, separar-se não parece representar o melhor caminho para a felicidade. E por que tantos casais se separam atualmente? Quais os fatores que levam a índices cada vez maiores de separação? Foram respostas a essas questões que um grupo de pesquisadores chefiados por Rebecca Kippen[3] tentou obter mediante análise de um amplo inquérito populacional realizado na Austrália.

De acordo com os resultados da pesquisa apresentada pelos pesquisadores na conferência HILDA (*Household, Income and Labour Dynamics in Australia Survey*, uma pesquisa de acompanhamento de domicílios, renda familiar e trabalho realizada na Austrália), em Melbourne, os fatores mais comumente associados aos divórcios são:

1. Diferenças amplas de idade entre os cônjuges.
2. O fato de a esposa demonstrar maior preferência do que o marido por alguma outra criança, por exemplo, de um casamento anterior, deixando os próprios filhos em segundo plano.
3. Casamento em idade muito jovem.
4. A separação dos pais do marido.
5. Ter filho antes do casamento, e este ter morado sempre no mesmo domicílio que o casal.
6. Falta de satisfação com o relacionamento.
7. Orçamento familiar baixo.
8. Desemprego do marido.
9. O fato de a esposa ingerir bebidas alcoólicas em maior quantidade do que o marido.
10. O tabagismo de um dos cônjuges, enquanto o outro não tem o hábito de fumar.

---

3 KIPPEN, R.; CHAPMAN, B.; YU, P. "What's love got to do with it? Homogamy and dyadic approaches to understanding marital instability", from Paper presented at the Biennial HILDA Survey Research Conference, 16-17 jul. 2009, Melbourne.

Os fatores apresentados seguramente não representam a totalidade dos motivos envolvidos nos divórcios. Incluem, ainda, aspectos sobre os quais os casais não podem interferir depois de casados, como o fato de terem subido ao altar em tenra idade. Mas certamente servem como um alerta àqueles que desejam se manter casados por muitos e muitos anos.

O FATO DE SER ATRAENTE TORNA A MULHER MAIS FELIZ?

Tendo em vista os bilhões de dólares que são aplicados anualmente pelas cidadãs norte-americanas com o objetivo de se tornarem mais atraentes, submetendo-se, muitas vezes, até a procedimentos cirúrgicos que contam com não desprezíveis taxas de complicações, os pesquisadores Victoria C. Plaut, da Universidade da Geórgia, Glenn Adams e Stephanie L Anderson[4], da Universidade do Kansas, ambas nos Estados Unidos, desenvolveram um modelo estatístico para avaliar se o fato de a mulher ser atraente se correlaciona positivamente com a felicidade.

Para tanto, os pesquisadores lançaram mão do *National Survey of Midlife Development*, o projeto que visa determinar como está o bem-estar dos cidadãos americanos de meia-idade desenvolvido pela Universidade de Chicago, nos Estados Unidos, já citado anteriormente. Os autores agruparam as mulheres que aceitaram participar do estudo (um total de 587) em dois grupos distintos: as que vivem em área urbana (n = 257) e as que vivem em área rural (n = 330). Como medida de atratividade foi escolhido o índice cintura/quadril, variável que foi validada por diferentes estudos prévios como tendo alta confiabilidade na determinação do potencial de atração feminino (afinal, que mulher nunca sonhou em ter uma cintura de 22 polegadas como a de Marilyn Monroe?). Como desfechos de felicidade foram analisados quatro itens relacionados ao bem-estar subjetivo e foram realizadas quatro medidas referentes às conexões sociais desenvolvidas pelo indivíduo.

Os resultados foram surpreendentes. Em relação ao bem-estar subjetivo, as mulheres que habitam as áreas urbanas

4 PLAUT, V. C,; ADAMS, G.; ANDERSON, S. L. Does attractiveness buy happiness? "It depends on where you're from". *Personal Relationships*, v. 16, p. 619-630, 2009.

Medicina da felicidade

demonstraram uma correlação fortemente negativa do índice cintura/quadril. Isto é, quanto maior o índice, menor o bem-estar subjetivo. Na população rural, o aumento progressivo do índice estudado não resultou em nenhuma alteração no nível de bem-estar subjetivo. Quanto às conexões sociais, a correlação encontrada para as mulheres que vivem em áreas urbanas foi semelhante à observada em relação ao bem-estar subjetivo: quanto maior a cintura em relação aos quadris, menores são as conexões sociais. Por outro lado, as mulheres que vivem em áreas rurais parecem não se importar muito com isso: quanto maior a cintura em relação aos quadris, maiores as conexões sociais.

Os autores concluíram que a atratividade pode até aumentar a felicidade, mas esse aumento está intensamente ligado ao contexto em que o indivíduo se encontra. Ela tem reflexos diretos nas conexões sociais por ele desenvolvidas. Em áreas onde os relacionamentos são menos dependentes da voluntariedade, como as rurais, por exemplo, a atratividade parece exercer menor influência sobre o bem-estar subjetivo. Em áreas urbanas, por outro lado, um índice cintura/quadril elevado pode levar não apenas à queda dos níveis de bem-estar subjetivo, mas também à retração social.

Portanto, a interpretação da atratividade deve ser realizada de maneira cuidadosa, levando-se sempre em conta a conjuntura sociocultural em que o indivíduo se encontra.

Em outras palavras, de acordo com Plaut, Adams e Anderson, se você vive em área urbana e está descontente com o seu índice cintura/quadril, talvez perder um pouco de peso aumente a felicidade. A felicidade relacionada à beleza depende de onde você está e dos padrões de perfeição impostos pela sociedade em que você vive. Simples assim.

A FELICIDADE É CONTAGIOSA?

James Fowler, do Departamento de Ciências Políticas da Universidade da Califórnia, em San Diego, e Nicholas Christakis[5], professor de Políticas de Saúde, da Universidade

---

5 FOWLER, J.; CHRISTAKIS, N. Dynamic spread of happiness in a large social network: longitudinal analysis over 20 years in the Framingham Heart Study. *British Medical Journal*, n. 337 (a2338), p. 1-9, 2008.

de Harvard e do Departamento de Sociologia da Universidade de Cambridge, em Massachusetts, nos Estados Unidos, são os autores de um dos maiores estudos longitudinais abordando o fato de a felicidade ser contagiosa, como muitas das doenças infecciosas conhecidas. Seus achados foram publicados no prestigiado periódico médico britânico *British Medical Journal*, em 2008.

Para tanto, os autores lançaram mão de um famoso estudo longitudinal: o estudo de Framingham. Os habitantes dessa pequena cidade do estado de Massachusetts (em 2000 contava com cerca de 70 mil habitantes, sendo muitos deles brasileiros) têm sido acompanhados por cientistas já há três gerações, no intuito de desvendar os principais fatores de risco para as doenças cardiovasculares. Muito do que se conhece sobre as causas das doenças cardíacas, como a participação importante na gênese da doença de fatores como a hipertensão arterial sistêmica, o diabetes, as alterações do colesterol, o tabagismo e o sedentarismo, se tornou possível apenas por intermédio do que se designou de *Framingham Heart Study* (FHS, o "Estudo do Coração de Framingham"). E foi por meio do FHS que se descobriu que a história familiar do paciente com doença cardíaca, isto é, o fato de ter algum parente de primeiro grau com o mesmo tipo de doença, é fator de risco importante para o desenvolvimento de doenças cardiovasculares.

No estudo abordando a felicidade, os autores acompanharam 4.739 pacientes por vinte anos, de 1983 até 2003. A felicidade foi medida segundo uma escala validada de quatro itens chamada CES-D (*Center for Epidemiological Studies Depression Scale*, Escala de Depressão do Centro de Estudos Epidemiológicos). Essa escala guarda forte correlação com quantos dias da semana o indivíduo se sente realmente feliz (menos do que 1 dia, de 1 a 2, de 3 a 4, de 5 a 7).

Como resultados, os pesquisadores encontraram nítidos agregados de felicidade, e o mais interessante: esses agregados se estendiam não apenas aos indivíduos próximos aos considerados felizes, mas até a três graus de separação, isto é, aos amigos dos amigos desses indivíduos. Estatisticamente, tanto os grupos de pessoas felizes quanto os de indivíduos infelizes foram maiores do que se esperaria ao acaso. E o

Medicina da felicidade

fato de ser uma das pessoas consideradas "centrais" nesses agrupamentos de felicidade foi forte preditor de ser feliz no futuro. A distância não pareceu representar um empecilho para a difusão da felicidade, ou seja, indivíduos que habitavam a 1,6 km de distância de uma pessoa considerada feliz tinham 25% mais chances de também serem felizes. Efeitos de contágio semelhantes da felicidade foram observados em relação ao cônjuge, aos irmãos que vivem a uma distância de até 1,6 km e em relação aos vizinhos de porta. De modo interessante, no ambiente de trabalho esse efeito de contágio não foi visto. Ressalta-se, também, que a sua potência decaiu com o tempo e com o aumento da separação geográfica.

Os autores concluíram que a felicidade das pessoas depende também dos indivíduos com quem elas estão conectadas. Desse modo, assim como a saúde, a felicidade também deve ser abordada como um fenômeno coletivo.

Portanto, conforme a receita para a felicidade baseada em evidências científicas, para aumentar a felicidade, recomenda-se conviver com pessoas felizes.

ASSISTIR À TELEVISÃO TRAZ FELICIDADE?

Assistir à televisão é um hábito consagrado, não apenas no Brasil, mas no mundo todo. Barato, não necessita de ingresso e muito menos de traje especial. A variedade de programas é infindável. A novela das oito se tornou uma verdadeira instituição nacional, capaz de gerar celebridades imediatamente e se tornar assunto corriqueiro não apenas em revistas voltadas ou não para questões televisivas, mas também no dia a dia dos brasileiros. A total dominação da televisão não guarda preferência por idade, origem étnica ou sexo. Há programas voltados para crianças, adolescentes, adultos e até idosos. O futebol, antes privilégio dos domingos, com a TV por assinatura se tornou programa diário. Caso se queira assistir a uma partida de madrugada, algum jogo de algum campeonato asiático certamente estará no ar.

Na Europa, por exemplo, onde tais dados estão disponíveis, quase um quinto da população assiste à televisão por mais de três horas diárias. Na Inglaterra e na Grécia, esse tempo diante da telinha atinge quase um terço dos seus habitantes. Com isso, perdem a leitura, a prática de esportes e o relacionamento com a família e com os amigos. Também os hábitos de consumo são provocados e estimulados desde a infância. Na Holanda, por exemplo, em um único intervalo entre os blocos de um programa infantil, uma criança chega a ser exposta a até 25 produtos comerciais de consumo destinado à sua faixa etária, de acordo com Patti Valkenburg[6], da Escola de Pesquisas em Comunicação de Amsterdã.

E assistir à televisão demais traz felicidade? Foi exatamente esse tema que os pesquisadores das universidades suíças de Zurique, Bruno Frey e Christine Benesch, e da Basileia, Alois Stutzer[7], abordaram em uma interessante pesquisa. Durante os anos de 2002 e de 2003, os autores entrevistaram de 1.200 a 3.000 pessoas em cada um de 22 países europeus, anotando a quantidade de horas gastas na frente da TV, para posteriormente cruzar os dados com uma escala de satisfação com a vida, que variava de 0 ("nada satisfeito") até 10 ("muito satisfeito").

Como resultado, os pesquisadores observaram uma correlação negativa do tempo gasto diante da televisão com o nível de satisfação com a vida. Quanto maior o tempo diante da televisão, mais baixos os níveis de satisfação. E numa análise individual dos grupos, aquele composto por pessoas que gastam menos do que meia hora diante do aparelho que emite ondas eletromagnéticas foi o mais satisfeito com a vida de todos os telespectadores. E mais: as aspirações materiais e o grau de ansiedade observado também foram maiores nos indivíduos fãs assíduos dos programas televisivos.

Esse tempo exagerado gasto em frente ao aparelho de TV pode explicar em parte o paradoxo renda financeira/felicidade. Ou seja, não importa muito que o indivíduo tenha uma casa com 2 mil metros quadrados, quadra de tênis, piscina coberta e quadra poliesportiva. Ele passará a maior parte do tempo na frente da TV.

Certos de que a correlação observada não indica obrigatoriamente causalidade, ao menos os pesquisadores

6 VALKENBURG, P. M. Media and Youth Consumerism, *Journal of Adolescent Health*, v. 27S, n. 2, p. 52-6, 2000.

7 FREY, B.; BENESCH, C.; STUTZER, A. Does watching TV make us happy? *Journal of Economic Psychology*, v. 28, p. 283-313, 2007.

deixaram uma constatação: pessoas que assistem à televisão demais parecem ser mais insatisfeitas com a vida, e certamente podem fazer algo para melhorar.

A GRATIDÃO AUMENTA A FELICIDADE?

Conforme exposto previamente, a felicidade dos indivíduos não parece ser abalada pelos grandes eventos da vida. Por mais que você compre um computador novo, adquira a cobertura dos seus sonhos ou consiga namorar a(o) garota(o) mais bela(o) da turma, a tendência é que essa sensação de êxtase desapareça em três a seis meses. Basta observar os indivíduos que adquirem um carro novo. Nos primeiros meses, não o deixam estacionados na rua por nada no mundo. A limpeza é impecável e periódica. Qualquer novo arranhão é prontamente percebido. Após alguns meses, o indivíduo não se lembra exatamente nem da cor, muito menos da quilometragem do veículo. Felizmente, o mesmo é valido para os grandes eventos negativos, motivo pelo qual o luto é conhecido por durar em média um semestre.

E é exatamente essa situação que intriga os cientistas da felicidade. Como desenvolver mecanismos de ajustar para cima o nível basal de felicidade?

Os pesquisadores Emmons e McCullough[8], das Universidades da Califórnia e de Miami, respectivamente, abordaram o papel da gratidão na felicidade dos indivíduos. O experimento foi bastante simples: os 201 indivíduos participantes foram divididos em três grupos, e cada grupo foi solicitado a escrever sobre algo em um papel. Para o primeiro grupo, pediu-se que anotassem cinco coisas da vida pelas quais o indivíduo é grato; para o segundo grupo, cinco coisas que chateiam; e para o terceiro grupo, que serviria como o controle, pediu-se aos indivíduos que relatassem cinco coisas ocorridas na semana anterior, sem nenhuma conotação afetiva, positiva ou negativa. Os participantes foram acompanhados por dez semanas.

8 EMMONS, R. A.; McCULLOUGH, M. E. Counting blessings versus burdens: An experimental investigation of gratitude and subjective well-being in daily life. *Journal of Personality and Social Psychology*, v. 84, n. 2, p. 377-389, 2003.

Em relação aos itens mais frequentemente citados pelos indivíduos como motivos para serem gratos se encontraram o fato de estarem vivos, a generosidade dos amigos e a visão do sol por entre as nuvens. Entre os motivos de chateação mais comuns figuraram os impostos, a dificuldade de estacionar o carro e o fato de queimar a comida (macarrão com queijo).

Ao final do estudo, os pesquisadores avaliaram o aumento dos níveis de felicidade em relação à linha de base e observaram um acréscimo de quase 25% naqueles indivíduos que escreveram sobre coisas pelas quais eram gratos.

Os achados da pesquisa surpreenderam os autores. Eles acreditaram que encontrariam o inverso. Pensar em fatos pelos quais teriam que agradecer teoricamente deveria diminuir a sensação de autocontrole das pessoas, levá-las a pensar como dependem dos outros e, como consequência, reduzir sua felicidade. Como explicação, os professores especulam que emoções positivas podem conduzir a uma amplificação dos recursos cerebrais disponíveis aos indivíduos, de modo que a gratidão seria um deles, por ser necessária em tempos de necessidade. E ao fazer uso desse recurso latente, ocorre inconscientemente uma retroalimentação positiva nas emoções positivas, algo como uma espiral ascendente (*upward spiral*).

Concluindo, a prática da gratidão alimenta positivamente outras emoções positivas do indivíduo.

REVELAR OS TRAUMAS PSICOLÓGICOS, MESMO DE MANEIRA CONFIDENCIAL, AUMENTA A FELICIDADE?

Mais uma orientação proveniente do senso comum que será avaliada cientificamente: será que revelar os traumas psicológicos prévios, mesmo que confidencialmente, realmente ajuda na melhora do bem-estar subjetivo? Os pesquisadores James Pennenbaker e Joan Susman[9], do Departamento de Psicologia da Universidade Metodista

9 PENNENBAKER, J. W.; SUSMAN, J. R. Disclosure of traumas and psychosomatic processes. Social Science and Medicine, v. 26, n. 3, p. 327-332, 1988.

do Sul, localizada em Dallas, no Texas, desenvolveram um interessante experimento para tentar elucidar essa questão.

Para tanto, os autores selecionaram 46 estudantes de Psicologia, os quais foram divididos em quatro grupos, dentro dos quais, durante quatro dias consecutivos, deveriam escrever individualmente durante 15 minutos diários sobre algum tema determinado. Os assuntos a serem abordados eram: (i) as circunstâncias em que algum trauma psicológico importante ocorreu em sua vida, mas sem menção às emoções sentidas no momento; (ii) as emoções sentidas durante algum trauma psicológico importante em sua vida; (iii) as circunstâncias e as emoções sentidas durante o trauma e (iv) um grupo controle, que deveria escrever banalidades, como algo sobre o seu vestuário. Tanto antes quanto após a redação do texto, os participantes preenchiam questionários relativos ao seu humor e ao seu estado de saúde. Esses mesmos questionários eram repetidos quatro e seis meses após a fase inicial da pesquisa. A totalidade de consultas médicas realizadas pelos participantes foi levantada durante os seis meses de seguimento da pesquisa.

O sigilo referente aos autores das revelações foi mantido durante todo o estudo. Entre os traumas mais frequentemente citados figuravam alguns corriqueiros, como rompantes de violência do pai contra a mãe e contra o próprio sujeito, o alcoolismo do pai, abuso sexual por pais, irmãos, padrastos ou avós. Outros foram surpreendentes, como o fato de o avô ter fraturado o quadril e morrido por complicações cirúrgicas após tropeçar em um brinquedo seu deixado inadvertidamente no chão ou se sentir responsável por ensinar a irmã a velejar e ela ter se afogado na primeira vez em que se lançou às águas sozinha.

Os resultados foram admiráveis: os indivíduos que abordaram as emoções sentidas durante o trauma, em qualquer um dos dois grupos que incluíam esse ponto, embora apresentassem uma piora significativa do humor durante os quatro dias iniciais, foram os que se mostraram mais felizes e saudáveis nas duas consultas de seguimento. E, curiosamente, os pesquisadores observaram uma queda importante no número de consultas médicas realizadas nos seis meses de acompanhamento pelos participantes que relataram tanto as circunstâncias do trauma quanto as emoções sentidas no momento em que ele ocorreu, em comparação com a totalidade de visitas ao médico nos três meses anteriores à intervenção. Os pesquisadores concluíram que revelar os traumas, mesmo de maneira confidencial e escrita, parece associar-se a níveis posteriores maiores de felicidade. Além disso, essa abertura de confidências negativas sugere ser saudável também. Os professores defendem a ideia de que o não compartilhamento de emoções desagradáveis passadas pode levar a um estado de estresse crônico, o qual é, em última análise, deletério para o organismo, tendo reflexo até mesmo no sistema imune. Conforme os próprios autores confirmaram em uma segunda análise dentro dessa mesma pesquisa, os pacientes que incluíram a emoção em sua revelação desenvolveram uma atividade de reprodução dos linfócitos – uma das principais linhagens de células de defesa do organismo – maior do que os indivíduos que não abordaram as emoções.

Capítulo V ····

SAÚDE E FELICIDADE

A FELICIDADE É CAPAZ DE MELHORAR O SISTEMA IMUNOLÓGICO DAS CRIANÇAS?

Antes de discorrer sobre esse interessante tópico, serão feitas algumas considerações sobre o sistema imunológico. O sistema imune, cuja função primordial é defender o organismo de doenças causadas pelos mais diversos micro-organismos, como vírus, bactérias, fungos e parasitas, é composto basicamente de dois tipos de células: os neutrófilos e os linfócitos. Os neutrófilos constituem a primeira linha de defesa do organismo. Eles não possuem especificidade nenhuma, isto é, atacam o que virem pela frente. Por outro lado, os linfócitos, que se dividem em linfócitos-T (que atacam diretamente os invasores) e linfócitos-B (que produzem os anticorpos), possuem especificidade máxima. Isto é, existe um tipo de linfócito T e B para cada tipo de proteína diferente a que nosso corpo se tornar exposto. Para que os linfócitos T e B funcionem adequadamente, é necessário que o neutrófilo apresente a eles previamente uma parte da proteína estranha, a qual recebe a designação de antígeno. Existe, ainda, um terceiro grupo de neutrófilos chamados de *natural killers* (NK, ou exterminadores naturais) que não necessitam dessa apresentação prévia dos antígenos para executar terminalmente a sua função de defesa.

Dito isso, segue o estudo liderado por Béres e colaboradores[1] em um hospital húngaro e publicado no periódico *Orvosi Hetilap* em 2011.

---

1 BÉRES, A.; LELOVICZ, Z.; ANTAL, P. et al. Does happiness help healing? Immune response of hospitalized children may change during visits of the Smiling Hospital Foundation's Artists. *Orvosi Hetilap*, v. 152, n. 43, p. 1739-1744, 2011.

Os pesquisadores coletaram, de maneira indolor, duas amostras de sangue de 24 crianças doentes internadas em um hospital geral e de 9 crianças saudáveis, para servir como grupo controle. A primeira amostra de sangue foi coletada trinta minutos antes da visita de contadores de história, manipuladores de marionetes e artistas manuais às crianças, e a segunda coleta se deu uma hora após a visita desse grupo, que se denominou de *Artistas da Fundação do Hospital Sorridente*. As crianças do grupo controle não receberam a visita dos artistas.

Os autores do estudo observaram uma elevação 8,43% maior no número de linfócitos nas crianças que receberam a visita do grupo. Nas crianças em que houve queda dos linfócitos, esta foi 12,43% menor do que a observada nos controles. E a elevação dos níveis séricos de interferon-gama, uma molécula importante principalmente na defesa contra infecções virais, também foi maior no grupo que recebeu a atenção dos artistas da fundação.

Como conclusão, os autores colocam que crianças que passam por momentos alegres durante a sua permanência hospitalar sofrem mudanças imunológicas que podem influenciar positivamente a sua saúde. Outros aspectos relacionados à recuperação da saúde de pacientes pediátricos diante de situações que suscitam felicidade e alegria ainda permanecem como um vasto e inexplorado campo para pesquisas, mas bastante promissor.

GARGALHADAS PODEM AUMENTAR A IMUNIDADE DE ADULTOS?

Conforme explicado em parágrafos anteriores, os linfócitos *natural killer* (NK) fazem parte da primeira linha de defesa do organismo, uma vez que são capazes de reconhecer proteínas estranhas sem a ajuda prévia dos neutrófilos.

Em um estudo bastante interessante publicado em 2001 no *International Journal of Molecular Medicine*, Takahashi e colaboradores[2] avaliaram o papel da gargalhada no número de linfócitos NK.

2 TAKAHASHI, K.; IWASE, M.; YAMASHITA, K. et al. The elevation of natural killer cell activity induced by laughter in a crossover designed study. *International Journal of Molecular Medicine*, v. 8, n. 6, p. 645-650, 2001.

Para tanto, os pesquisadores submeteram 21 adultos saudáveis do sexo masculino a assistir a dois filmes em dias diferentes, cada um deles com 75 minutos de duração: uma película com um tema cômico e um não cômico. Curiosamente, a elevação dos linfócitos NK foi significativamente maior após a exposição ao filme de comédia. Os autores avaliaram ainda a intensidade das gargalhadas servindo-se de um eletrodo de eletromiografia acoplado ao músculo zigomático maior esquerdo (um dos músculos da face) dos indivíduos, mas a magnitude das gargalhadas não se correlacionou com o aumento dos linfócitos NK.

Esse foi o primeiro estudo que abordou a influência da gargalhada nos linfócitos NK humanos. Os pesquisadores concluíram que a elevação dessas células se deve principalmente à experiência da gargalhada e não aos seus aspectos expressivos.

Ou seja, comprovadamente, gargalhar, uma das manifestações da felicidade, faz bem às defesas do organismo.

O QUE AFETA MAIS A PRESSÃO ARTERIAL: A RAIVA OU A FELICIDADE?

A hipertensão arterial sistêmica (HAS) é uma das doenças mais prevalentes na população mundial, apresentando relação direta com doenças como o infarto agudo do miocárdio, os acidentes vasculares encefálicos, a insuficiência renal crônica e outras tão ou mais graves.

As emoções sabidamente alteram a pressão arterial (PA). Em situações de estresse, ansiedade e até mesmo de felicidade, experimentamos discretas variações na PA. No entanto, será o comportamento da PA semelhante nos momentos de raiva e de felicidade? Foi com base nesse questionamento que pesquisadores do Departamento de Doenças Cardiovasculares da Cornell University, em Nova York, chefiados por James Gary[3], desenvolveram um interessante experimento.

3 GARY, J.; YEE, L. S.; HARSHFIELD, G. A.; BLANK, S. G.; PICKERING, T. G. The Influence of Happiness, Anger, and Anxiety on the Blood Pressure of Borderline Hypertensives. *Psychosomatic Medicine*, v. 48, n. 7, p. 502-508, 1986.

Os autores incluíram no estudo 1.152 pacientes que tinham como suspeita diagnóstica a presença de HAS. Esses indivíduos foram submetidos a um exame complementar chamado MAPA (monitorização ambulatorial da pressão arterial), pelo qual têm a sua PA monitorada por um aparelho durante 24 horas, sem precisar de internamento, podendo assim exercer as suas atividades habituais normalmente. Durante o estudo, os pesquisadores pediram aos pacientes que anotassem quando passassem por sentimentos de raiva e de felicidade, quantificando-os em sua intensidade em uma escala de 0 a 10.

Conforme era esperado, tanto a raiva quanto a felicidade tiveram influência direta nas medidas de PA. Mas o sentimento negativo teve um efeito expressivamente maior: a raiva aumenta mais a pressão do que a felicidade, e de maneira estatisticamente significativa. E esse aumento não teve correlação com outros fatores, como a idade, o sexo, o horário ou a posição do paciente.

Esse é mais um motivo para se optar por emoções agradáveis, por mais difícil que possa parecer em algumas situações, além de representar um exemplo claro de integração da mente com o corpo e de como os sentimentos podem influenciar diretamente a saúde.

ABRAÇAR A PESSOA AMADA REDUZ OBJETIVAMENTE O ESTRESSE?

Sabidamente o contato próximo e caloroso, seja com amigos ou com a pessoa amada, torna as pessoas mais calmas. Partindo desse pressuposto, um grupo de pesquisadores[4] da Universidade de Fujita, no Japão, decidiu avaliar se o fato de abraçar a pessoa amada resultaria em mudanças quantificáveis nas concentrações séricas de algumas proteínas do organismo.

Uma das proteínas escolhidas pelos cientistas foi a beta-2-microglobulina, molécula que pertence ao grupo das proteínas de fase aguda do organismo. Quando o corpo

---

4 MATSUNAGA, M.; SATO, S.; ISOWA, T.; TSUBOI, H.; KONAGAYA, T.; KANEKO, H.; OHIRA, H. Profiling of serum proteins influenced by warm partner contact in healthy couples. *Neuroendocrinology Letters*. v. 30, n. 2, p. 227-236, 2009.

Medicina da felicidade 81

humano vive situações de estresse agudo, como infecções e inflamações, a beta-2-microglobulina se eleva, sinalizando que algo muito errado está acontecendo. Quem consultou o médico nas décadas de 1970 e 1980 por algum quadro de infecção ou inflamação, seguramente teve a sua beta-2-microglobulina avaliada em um teste que afere essa proteína juntamente com outras também de fase aguda, denominado *dosagem de mucoproteínas*.

Os pesquisadores japoneses dosaram a quantidade de beta-2-microglobulina circulante em pessoas saudáveis antes e depois de abraçarem e beijarem o seu par romântico. E o resultado foi curioso: as concentrações séricas desse reagente de fase aguda diminuíram.

Os autores concluíram que abraços e beijos no(a) amado(a), além de causarem a sensação subjetiva de felicidade, também parecem ser capazes de objetivamente reduzir manifestações orgânicas de estresse.

A FELICIDADE REDUZ A MORTALIDADE?

Naturalmente todos já ouviram frases do tipo "você é muito estressado, vai acabar morrendo cedo" ou "preocupado dessa maneira, você vai acabar infartado". Apesar da improbabilidade de alguém tentar estudar se o bem-estar psicológico resulta em menor mortalidade, esse assunto já foi abordado em inúmeros estudos e até em uma meta-análise (uma ferramenta estatística especial que agrupa diferentes estudos na tentativa de se chegar a uma resposta única), a qual será relatada a seguir.

Yoichi Chida e Andrew Steptoe[5], do Departamento de Saúde Pública e Epidemiologia do University College, de Londres, examinaram detalhadamente 35 estudos que abordavam mortalidade em populações previamente saudáveis e o mesmo número de estudos que abordavam populações previamente doentes. Como variáveis relacionadas a mortalidade, que constituíram o chamado bem-estar positivo psicológico, encontravam-se afetos positivos (bem-estar emocional, bom humor, alegria, felicidade, vigor, energia) e arranjos positivos

5 CHIDA, Y.; STEPTOE, A. Positive Psychological Well-Being and Mortality: A Quantitative Review of Prospective Observational Studies. Psychosomatic Medicine, v. 70, p. 741-756, 2006.

semelhantes a traços de personalidade (satisfação com a vida, otimismo, esperança, senso de humor). Foram incluídas na análise 2.444 pessoas saudáveis e 1.397 doentes. O bem-estar psicológico positivo diminuiu em 18% o risco de morte na população saudável e em 2% esse mesmo risco na população doente. Curiosamente, o bem-estar psicológico positivo pareceu inalterado na presença de afetos negativos, como se os sentimentos positivos parecessem anular a presença dos negativos.

O bem-estar psicológico positivo foi protetor em relação à morte por eventos cardiovasculares na população saudável e reduziu a taxa de mortalidade em pacientes portadores do vírus da imunodeficiência adquirida (HIV) e em pacientes com insuficiência renal crônica.

Os autores concluíram que o bem-estar psicológico positivo exerce um efeito benéfico na redução da mortalidade tanto na população saudável quanto na doente. Recentemente, Sadler e colaboradores[6], do Departamento de Psicologia da Universidade Roosevelt, nos Estados Unidos, ao acompanharem por nove anos cerca de 4 mil gêmeos com idade acima de 70 anos, confirmaram que a longevidade é maior em indivíduos que apresentam níveis maiores de bem-estar subjetivo, fato que não pode ser explicado apenas por fatores genéticos e ambientais.

O efeito benéfico da felicidade na mortalidade pode ser em parte atribuído aos hábitos de vida saudáveis dos indivíduos que se consideram felizes. Em um amplo estudo envolvendo 3.461 estudantes universitários chilenos entre 17 e 24 anos, José Piqueras e colaboradores[7], da Universidade de Santiago, observaram correlação positiva direta dos níveis de felicidade com a prática diária de atividades físicas, com o fato de ingerir frutas e vegetais todos os dias, bem como com o hábito de não deixar de almoçar em nenhum dos dias da semana. Por outro lado, o estresse relacionado aos testes ou a situações corriqueiras da vida, bem como o consumo de drogas e de tranquilizantes, apresentaram correlação

6 SADLER, M. E.; MILLER, C. J.; CHRISTENSEN, K. McGUE, M. Subjective wellbeing and longevity: a co-twin control study. *Twin Research and Human Genetics*, v. 14, n. 3, p. 249-256, 2011.

7 PIQUERAS, J. A.; KUHNE, W.; VERA-VILLARROEL, P.; VAN STRATEN, A.; CUIJPERS, P. Happiness and health behaviours in Chilean college students: A cross-sectional survey, BMC Public Health, v. 7, n. 11, p. 443, 2011.

negativa com a felicidade.

E a felicidade também parece aumentar a autoestima dos indivíduos. Em um estudo realizado na Suíça, Perneger e colaboradores[8], da Unidade de Qualidade com os Cuidados dos Hospitais Universitários de Genebra, observaram que indivíduos que se consideram felizes apresentam uma autoestima até 3,5 vezes maior do que os seus pares que negam esse tipo de sentimento. A elevada autoestima pode estar relacionada à menor exposição a hábitos e atividades prejudiciais e que levam, em última análise, à autodestruição do indivíduo. Portanto, o senso comum parece ter acertado novamente. Ser feliz parece aumentar a chance de uma vida mais longa.

8 PERNEGER, T. V.; HUDELSON, P. M.; BOVIER, P. A. Health and happiness in young Swiss adults. *Quality of Life Research*, v. 13, n. 1, p. 171-178, 2004.

Conclusões ••···

Apesar de todas as pesquisas apresentadas nesta obra, a Ciência da Felicidade ainda é embrionária. Ainda são poucos os cientistas que se dedicam ao fascinante tema do que realmente traz felicidade aos indivíduos. Muito ainda permanece a ser estabelecido.

Espera-se que após a atenciosa leitura deste livro o leitor passe a se interessar cada vez mais pelo tema. Conforme ficou bastante claro após as exposições aqui colocadas, ao contrário do que o senso comum difunde, é possível sim tornar a vida mais feliz mediante atitudes, pensamentos e ações. Para tal, pequenas modificações no dia a dia parecem ser mais importantes do que os conhecidos *eventos maiores da vida*, sejam eles positivos ou negativos, geralmente hipervalorizados, mas cujo efeito no bem-estar do indivíduo é geralmente mais efêmero do que se imagina.

Seja diante de eventos favoráveis ou melancólicos, deve-se sempre trazer à mente a ideia de que "vai passar". Assim, as alegrias serão mais aproveitadas e sempre haverá a certeza de que a tristeza passará, pois a tendência da mente humana é superestimar a duração dos sentimentos, qualquer que seja a sua natureza.

Frijters e colaboradores[1], em um seminal estudo publicado em julho de 2008 pelo Instituto de Estudos do Trabalho (IZA) localizado em Bonn, na Alemanha, abordaram exatamente a questão da antecipação da satisfação com a vida diante de eventos considerados favoráveis ou trágicos ao indivíduo. Ao seguir cerca de 20 mil indivíduos por cinco anos (de 2001 a 2006), os autores abordaram situações como o casamento, a separação, o aumento nos rendimentos financeiros, a queda destes, a morte de um familiar, ser vítima de um assalto, dar à luz ou adotar um filho, um acidente grave e mudança de residência. Os participantes do estudo foram seguidos e questionados trimestralmente em relação a como seria a sua

---

1 FRIJTERS, P.; JOHNSTON, D. W.; SHIELDS, M. A. Happiness Dynamics with Quarterly Life Event Data. IZA, n. 3604, jul. 2008.

satisfação com a vida caso algum desses eventos ocorresse com eles. Se o evento realmente ocorresse, a satisfação momentânea do indivíduo era então comparada com a sua expectativa prévia. Os autores confirmaram que o ser humano exagera no efeito tanto positivo quanto negativo dos eventos. Ou seja, ninguém ficou tão triste ou tão alegre como imaginava que ficaria após a ocorrência do importante fato. E em qualquer situação, boa ou ruim, houve uma tendência posterior do retorno da satisfação à linha de base. Os fenômenos da *superestimação do efeito dos eventos* e da posterior *adaptação a eles* ficaram claros.

O que se procurou viabilizar aqui foram as orientações mais práticas e confiáveis disponibilizadas atualmente pela ciência. Mas, com toda a certeza, compete a cada indivíduo interpretá-las à sua maneira, para que cada um trace o seu próprio caminho para a felicidade baseado em suas próprias experiências e aspirações.

Para finalizar, sem perder o espírito das evidências, segue uma dica valiosa de Koo e colaboradores, sobre como tentar conquistar a felicidade de maneira rápida e eficaz.

COMO SE TORNAR MAIS FELIZ EM ALGUNS SEGUNDOS

Conhecido por "efeito George Bailey", em homenagem ao protagonista do filme *It's a Wonderful Life* (no Brasil, *A Felicidade Não se Compra*), dirigido por Frank Capra em 1946, uma das maneiras mais fáceis de aumentar a sua felicidade em alguns segundos é escrever como seria a sua vida caso algum fato que você julga positivo não tivesse ocorrido. Esse efeito foi abordado de maneira bastante interessante por Koo e colaboradores[2], do Departamento de Psicologia da Universidade da Virgínia, nos Estados Unidos, e resultou em um estudo publicado no *Journal of Personality and Social Psychology* em 2008. Nesse experimento, os autores avaliaram 87 indivíduos que se encontravam em alguma relação amorosa. Os participantes preencheram um questionário de 12 questões graduadas de 1 a 7 abordando

2 KOO, M.; ALGOE, S. B.; WILSON, T. D.; GILBERT, D. T. It's a Wonderful Life: Mentally Subtracting Positive Events Improves People's Affective States, Contrary to Their Affective Forecasts. *Journal of Personality and Social Psychology*, v. 95, n. 5, p. 1217-1224, 2008.

quão contentes se sentiam com a relação (quanto mais alto o escore, melhor). Após um tempo decorrido de pelo menos duas semanas, os indivíduos foram divididos em três grupos: (i) um grupo passava de 15 a 20 minutos escrevendo sobre como haviam conhecido o seu parceiro; (ii) um grupo passava o mesmo tempo escrevendo como seria a sua vida caso não tivesse encontrado aquele parceiro e (iii) um terceiro grupo, considerado controle, escrevia basicamente as mesmas coisas, mas em relação a algum amigo. Após o desenvolvimento desses textos, os participantes eram levados a responder novamente ao questionário de satisfação com o parceiro preenchido duas semanas antes. Surpreendentemente, os indivíduos que escreveram sobre a ausência do parceiro foram os que apresentaram o maior aumento dos escores entre os dois questionários.

Os autores concluíram que, de maneira distinta ao que se passa no filme *A Felicidade Não se Compra*, não há necessidade de um anjo mostrar como seria a vida caso não se tivesse nascido para se sentir melhor. Basta imaginar como seria a vida sem alguns aspectos considerados positivos, como a aprovação em algum concurso difícil, o encontro do cônjuge ou o nascimento de um filho.

A partir de agora, quando você cumprimentar alguém desejando-lhe "muito dinheiro, saúde, amigos, fé e trabalho", você terá uma ideia muito melhor da importância das suas palavras, de acordo com a Ciência da Felicidade.

Pense em tudo isso e seja feliz. E tenha a certeza de que a Felicidade não representa um mero objeto de desejo ou uma fantasiosa regalia. É, sim, um direito de todos os indivíduos, um bem maior cuja busca deve ser diária e constante.

Que os esclarecimentos colocados nesta obra tornem essa busca mais clara, palpável e direta. Esse é o seu objetivo maior, dentro de uma crescente e cada vez mais atualizada Ciência da Felicidade.

***